KB089069

왕초보 투자 가이드

주식 투자 스타트업

왕초보 투자 가이드

주식 투자
스타트업

주호선생 지음

한국경제신문 i

주식 투자, 어떻게 하고 계신가요?

주가는 살아 있는 생명체와 같습니다. 개인 투자자들의 투자 심리에도 지배를 받기 때문에 기업의 가치에 비해 고평가되기도 하고, 때론 저평가될 수도 있습니다.

성공적인 주식 투자를 하기 위해서는 각자의 기준과 원칙을 준수해야 합니다. 주식 투자의 전략을 세우고, 전략에 의한 투자를 했는지가 성공 여부를 결정합니다. 전략을 세운다는 것은 주식을 매수할 때 '어떤 기준으로 매수할 것인가?', '단기 투자를 할 것인가?', '장기 투자를 할것인가?'를 정하는 것입니다. 이런 기본적인 것도 정하지 않고 주식을 매수해서 물리면 장기 투자가 되는 것이고 조금 수익이 보고 기다리지 못하고 청산해버린다면, 극과 극의 대립인 큰 손실과 작은 이익의 관계가 성립되어버립니다.

수식 투자를 하기 전에 투자 마인드를 정립하고 투자할 때는 반드시 기본기를 쌓아야만 성공 가능성이 커집니다. 수익에 대한 탐욕에 기업 분석을 귀찮아하거나 힘들다고 공부를 하지 않고 차트만 보면 다 될 것 같다는 믿음에 지인의 말에 현혹되어 본인도 모르게 추종하게 되지만, 결과는 원금 손실로 이어집니다.

저평가된 기업이 시장에서 가치를 받는 데는 충분한 시간이 필요합니다. 남들이 사면 같이 사고, 언론에서 나쁘다고 하면 파는 등, 여러분들은 아직 확신 없는 투자를 하고 계신가요? 자신의 투자 성향에 따라 단기 매매를 하고자 한다면 단기간에 주가 등락이 심한 종목을 검색해 그 변동성을 이용한 매매를 할 수 있도록 철저한 준비가 필요합니다.

중장기 투자를 하고자 한다면 단기적인 급등락에 현혹되지 말고 업황이나 기업의 미래가치에 집중해야 합니다. 미래에 업황이 좋아질 종목을 선정하고 중장기 시장 상황을 분석하는 능력을 키우는 데 집중해야 합니다.

시장 상황에 따라 대형주 순환장인데 중소형주만 들고 있어도 안되며, 중소형주 순환장인데 대형주만 들고 있어도 안 됩니다. 업황이 순환되면서 시장이 변하고 있는데 저평가 우량주만 보유 홀딩한다면 시장에서 외면당하면서 수익을 내기 힘들어집니다. 종목군의 포트폴리오를 다양하게 설정하는 것이 중요합니다.

금융 시장에서 살아남기 위해서는…

주식 투자는 단순히 기법을 많이 알고 있고 자금이 많다고 해서 수익을 많이 낼 수 있는 곳이 아닙니다. 가장 중요한 것은 투자 심리입니다. 뛰어난 기법이 있다 한들 투자 마인드가 세워져 있지 않으면 100전 100패가 될 수 있습니다.

주식 투자에서 투자 심리가 중요하다는 말은 많이 들으셨을 것입니다. 주식 매매를 할 때 어떤 심리가 문제이고 어떻게 극복해야 하는지 스스로 고민해본 적이 없다면 지금부터 이에 대한 고민을 시작해야 합니다. 자신과의 끝없는 싸움에서 이겨야 주식 투자에서 성공할 수 있습니다.

이 책의 기초 편에서는 주식 매매에 앞서 알아야 할 기본적 분석에 중점을 두었으며 실전 편에서는 실전 매매에 필요한 기술적 분석, 실전 매매 전략 등 실전 예시를 들어 상세하게 설명했습니다. 기초 편과 실전 편은 어느 것이 더 중요한지 판단할 수 없을 정도로 두 부분 다 주식 투자에 필수 불가결한 부분입니다. 그런데 왜 개인 투자자들은 기술적 분석 실전 편만을 찾을까요?

기술적 분석 실전 편은 쉽다고 생각하는 투자자분들이 많기 때문입니다. 차트만 보고 대충 상승할 것 같다, 하락할 것 같다 예측하기 때문입니다. 과정은 전혀 중요하지 않고 수익이냐, 손실이냐의 결과가 중요하기 때문입니다. 자신의 투자 원칙이 실적 및 거시경제인지, 혹은 내재가치인지, 주가인지를 먼저 확실히 하고 자신의 투자 원칙과 기준에 집중해서 투자해야 합니다. 기준에 따라서 집중해야 할 종목도, 주가 등락에 대한 대응 방법도 다를 수 있기 때문입니다. 자신만의 기준과 원칙이 단단해야 비로소 홀로 설 수 있습니다. 어차피 공부해야만 하는 주식 시장이기 때문에 기초 편(기본적 분석)과 실전 편(기술적 분석)을 마스터하기 바랍니다.

24년이라는 긴 세월 동안의 주식 전문가, 국내 선물 옵션 전문가, 해외 선물 전문가 경험을 바탕으로 기초부터 실전까지 담았습니다. 개인 투자자라면 누구나 쉽게 이해할 수 있고 습득할 수 있게 투자 철학이 스며든 교과서입니다. 이 책에 소개된 기초 편과 실전편은 주식 투자 매매에 앞서 배워야 할 대부분이 포함되어 있습니다. 주식 시장에서 살아남는 법을 배우고자 하는 대한민국 모든 개인 투자자들에게 기본 지침서가 되어줄 것이기에 함께 잘 따라오신다면 성공 투자의 길이 열릴 것입니다.

끝으로 이 책을 펴내는 데 많은 도움을 주신 하나금융투자 김수한 차장님과 KBF 전경님 국장님, 김성은 선생님께 감사의 인사를 올리며, 물심양면으로 이끌어주신 리얼스탁 문지인 대표님, 조상철 본부장님 및 임직원 여러분께 이 자리를 빌려 진심으로 감사의 인사를 드립니다.

차례

프롤로그 ········ 4

| Part 01 | **기초 편**

Chapter 01 **주식 투자를 시작하기에 앞서**

기술적 분석·기본적 분석 이해하기 ········ 17

주식에 관심 있다면 알아야 할 주식 용어 ········ 20

시장의 종류와 주식 시장 투자자 ········ 25

한국증시 거래 시간대 알아보기 ········ 34

재무제표에서 확인해야 할 중요 체크 포인트 ········ 36

손익계산서, 현금 흐름표 등 포괄적인 점검은 필수! ········ 41

주식 시장은 살아 있는 생명체-주식 시장의 4단계와
트레이딩 방법의 특징 ········ 44

증자의 종류와 성격 ········ 46

공시제도의 종류 ········ 48

Chapter 02 **주린이 초보 탈출! 기술적 분석 뽀개기**

기술적 분석 기초-캔들 ········ 54

트레이더의 기본-캔들의 패턴 ········ 60

주식 캔들의 윗꼬리와 아랫꼬리의 심리 ········ 70

저점에서 장대양봉은 주가 바닥, 고점에서 장대음봉은 주가 상투 ········ 71

윗꼬리 음봉은 다음 날 하락 예고 ········ 73

Chapter 03 **주식의 정석, 이동평균선부터 파악하자**

이동평균선의 기본 개념 ········ 76
이동평균선의 종류와 특징 ········ 77
이동평균선으로 파악하는 추세 활용법 ········ 79
골든크로스 정배열과 데드크로스 역배열 ········ 83
주가와 이동평균선의 이격도 ········ 86
이격도 매매의 기술 ········ 87
이동평균선의 지지와 저항 ········ 90
그랜빌의 법칙 : 매수 및 매도 8법칙 ········ 94

Chapter 04 **야, 너도 주식 투자 할 수 있어! –
추세와 패턴으로 매매 시점 찾기**

추세 분석의 의미 ········ 98
추세선의 종류 ········ 99
추세선 긋기 ········ 101
추세선을 이용한 기본 매수 신호 4가지 유형 ········ 105
추세선을 이용한 기본 매도 신호 4가지 유형 ········ 107
추세 전환 시점이 매매 시점이다 ········ 109
매집 대량 거래를 동반한 추세 전환 매수 급소 ········ 111
인기 테마주라도 지지선이 깨지면 버려라 ········ 112
추세 매매의 핵심 ········ 113
V자형 반등패턴 ········ 113

Chapter 05 계좌를 지키는 전략 - 보조 지표를 활용하라

대표적인 거래량 지표 OBV ········ 115

대표적인 이동평균선 지표 MACD ········ 117

시세의 강약을 분석하는 VR ········ 119

스토캐스틱으로 신뢰도를 높여라 ········ 120

Slow, Fast 스토캐스틱 활용하기 ········ 122

모멘텀 지표로 사용하는 소나 지표 ········ 123

모멘텀과 펀더멘털의 기본 개념 ········ 124

RSI(추세강도지수) 보조 지표 ········ 126

Trix(지수이동평균 변화율) 지표 ········ 128

투자 심리선 ········ 129

볼린저밴드 지표 ········ 131

그물망 차트 ········ 133

삼선전환도 차트 ········ 134

일목균형표 지표 ········ 135

거래량과 매물대 ········ 138

| Part 02 | **실전 편**

Chapter 01 **BEST 실전 투자 비법**

급등주에 대한 자료 ········ 143

세력주(급등주)에 올라타면 단기간에 수익이 난다 ········ 146

일반 개미도 세력을 이길수 있다 ········ 147

급등주의 일반적 조건 ········ 148

거래대금 300억 원 이상의 맥을 잡자 ········ 149

승률 좋은 3분봉 단타 기법 수식 ········ 150

저평가 우량주 찾아내기 ········ 156

하락 후 5일선 변곡점을 노려라 ········ 159

상한가 다음 날 주식 고수익 단타 기법 ········ 160

양봉밀집 패턴은 세력의 매집 패턴이다 ········ 165

Chapter 02 **어떻게 매매할까? 나도 고수가 될 수 있을까?**

오로지 차트로만 승부한다 ········ 167

종목 선정은 이렇게 한다 ········ 169

최적의 매매 시간대는? ········ 172

정배열 종목이 안정적이다 ········ 173

5일선이 우상향이고, 20일선이 받쳐주는 종목에서

상승할 확률이 높다 ········ 174

세력이 만드는 윗꼬리 캔들의 의미를 파악하자 ········ 176

세력이 만드는 의미 있는 구간, 이런 자리에서 매매하자 ········ 177

Chapter 03 **초보자를 위한 급등주 발굴 기법**

대량 거래를 주시하고 또 주시하라 ········ 180

대량 거래는 때에 따라 인내가 필요하다 ········ 181

왼쪽 어깨 절벽 후 수렴구간을 주시하라 ········ 182

Chapter 04 **투자 기법의 기술**

이동평균선을 이용한 매매 전략 ········ 189

급등주 눌림목 단기 매매 기법 ········ 195

4등분선 매매법 ········ 198

확률 높은 눌림목 매매 기법 ········ 200

보조 지표를 이용한 매매법(MACD를 이용한 방법) ········ 203

RSI 지표의 실전 사용법 ········ 205

볼린저밴드를 이용한 매매 기법 ········ 206

20일선 돌파 단타 매매 기법 ········ 208

추세 작도를 통한 차트 분석 방법 ········ 210

다우 이론 ········ 218

주식 투자에서 성공하려면?

저평가된 가치주에 투자하라 ········ 222

Chapter 05   **주식 시장 대세 판단 방법**

우라가미의 장세 4단계 대세 판단 ········ 227
엘리어트 파동 이론 ········ 229
다우 6국면 ········ 239

부록   **데이 트레이더를 위한 지침**

데이 트레이더의 마음가짐 ········ 247
데이 트레이딩의 실패 사례 ········ 250
데이 트레이더의 기본 자세 ········ 250
데이 트레이딩을 위한 기본 지침서 ········ 263
증시 격언에서 배워라 ········ 268
주가를 예측하는 방법 3가지 ········ 279
주식 투자 심리적 요인 3가지 ········ 282
고수와 하수의 매매 패턴 비교 ········ 285

Part **01**

기초 편

Chapter 01 | 주식 투자를 시작하기에 앞서

기술적 분석·기본적 분석 이해하기

기술적 분석

기술적 분석은 차트 및 차트와 관련된 보조 지표를 기반으로 투자하는 방법을 말하는데, 이는 차트 분석이라고 생각하면 쉽습니다. 주식에서 보여주는 차트는 주가의 흐름을 보여준다고 이해하면 되는데, 이러한 흐름 속에서 일정화된 패턴이나 추세를 찾아 향후 주가의 흐름이 어떻게 진행될지에 대해서 예측하는 방법을 기술적 분석이라 합니다. 이처럼 차트는 기술적 분석에서 빼놓을 수 없는 중요한 기준입니다.

기본적 분석

기본적 분석은 쉽게 말하면 가치 투자라고 할 수 있습니다. 기업의 밸류에이션(Valuation)을 평가하고, 기업의 내재적인 가치를 보고 투자하는 방법이라고 생각하면 됩니다. 주식을 처음 접할 때, 워런 버핏(Warren Buffett)처럼 기업을 보고 투자해야겠다고 생각하고 주식을 시작하는 분들도 있을 것이며, 주가의 움직임에 흔들리지 않고 기업의 성장만을 보고 투자해야겠다는 분도 있을 것입니다. 이처럼 기본적 분석은 기업의 경쟁력, 성장성과 같은 기업의 가치를 보고 그 기업의 가치가 현재의 주가보다 낮다고 생각된다면 해당 기업을 매수하고 지켜보는 것을 말합니다. 기업의 차트나 거래량을 보고 종목에 투자하기보다는 기업의 공시와 재무제표 및 현금 흐름표 등을 본 후, 판단해서 투자하는 것이라고 생각하면 됩니다.

기술적 분석 VS 기본적 분석

구분	기술적 분석	기본적 분석
기준	주가, 거래량 등 과거의 기록을 분석해 미래를 예측	기업의 내재가치를 분석해 주가의 미래를 예측
투자 의미	차트 분석	가치 투자
지표	캔들, 거래량, 이동평균선, 보조 지표 등	매출, 영업 이익, 현금 흐름, PER, PBR 등
특징	차트의 패턴을 분석해 미래의 방향 예측	기업의 실적, 외부 변화 등을 판단, 기업 가치 평가
활용	보통 스윙 투자 및 단타 매매	중·장기 가치 투자

주식을 매매하는 투자가들은 이 2가지 방법 중 하나만을 보고 주식 종목을 선택하거나 매매하지는 않습니다. 물론 하나의 분석만을 활용해 주식을 매매하는 사람도 많지만, 대부분의 투자자들은 이 2가지 분석 방법을 병행해 주식 투자를 합니다.

예를 들어 매매하려는 주식 종목이 싼지, 비싼지는 기본적 분석을 활용하고, 주식 종목을 언제 구매할지는 기술적 분석을 통해 활용하는 경우가 많습니다. 단지 어떤 분석 방법에 더 비중을 줄 것인지의 차이만 있을 뿐입니다.

기술적 분석을 기본으로 하는 투자자와 기본적 분석을 기본으로 하는 투자자는 종종 의견 대립이 있습니다. 기본적 분석을 하는 투자자들은 기술적 분석 투자자들을 투기꾼으로 보고, 반대로 기술적 분석 투자자들은 기본적 분석 투자자들을 장기적으로 투자해도 주식 시장에서 돈을 벌기 어렵다고 말하기도 합니다. 하지만 어느 한쪽의 의견만 옳다고 할 수 없습니다. 두 가지 다 분석해보고 본인에게 맞는 방식을 선택한다면 주식 투자에 큰 도움이 될 것입니다.

주식에 관심 있다면 알아야 할 주식 용어

주식 투자 열기가 점점 더 높아지고 있습니다. 지금까지 평생 주식 투자와 담쌓고 살던 사람들도 최근에는 주식 계좌를 개설해 지인들에게 거래하는 방법을 묻는 경우가 많아졌습니다.

언론 보도에 따르면 주식 투자자들의 절반 이상은 지난해(2020년)에 입문했으며, 추세는 계속 늘어나고 있습니다. 동학개미 열풍 및 부동산 급등에 따른 상대적 박탈감으로 인해 주식 시장에 뛰어든 사람들이 사상 최고치를 갱신했다고 합니다. 주식 초보자(주린이)를 위해 꼭 알아야 할 주식 용어에 대해 정리해보겠습니다.

주식 투자 기본 용어
· **매수** : 주식을 산다는 의미로, 현금으로 사고 싶은 주식을 살 때 매수한다고 표현
· **매도** : 주식을 판다는 의미로, 보유한 주식을 팔 때 주식을 매도한다고 표현
· **캔들** : 봉형 차트에서 볼 수 있는 막대기
· **양봉** : 빨간 막대기로, 시가보다 가격이 상승하는 것
· **음봉** : 파란 막대기로, 시가보다 가격이 하락하는 것
· **조정** : 주가가 하락 중인 상황으로, 계속해서 상승하던 주가가 일시적으로 하락 추세에 들어가는 것

- **횡보** : 주가가 상승도 아니고 하락도 아닌 상태로, 매수자와 매도자가 비슷한 것
- **우상향** : 주가가 오른쪽으로 상승하는 모습
- **우하향** : 주가가 오른쪽으로 하강하는 모습
- **시가** : 장 시작 가격으로, 시초가를 의미하며 장 개시 9시 직후에 거래된 가격
- **종가** : 장 마감 가격으로, 마지막으로 거래된 가격. 시가의 반대 개념
- **고가** : 하루 중 가장 높은 가격을 말합니다.
- **저가** : 하루 중 가장 낮게 내려간 가격. 시가, 고가, 저가, 종가의 의미를 이해하면 차트, 봉 그래프를 이해할 수 있음

주식 투자 매매 방법 용어
- **우량주** : 실적이 좋은 회사, 안정적인 회사(삼성전자, 현대차, LG전자와 같은 대기업)
- **테마주** : 특정 시점의 트렌드에 따라 묶인 종목(전기차 관련 테마 : LG화학, 현대차 등). 주식 시장에 영향을 끼칠 만한 새로운 사건이나 현상이 발생할 경우, 투자자들의 주목을 이끌어 그에 따라 가격이 움직이는 종목
- **익절** : 매수한 금액보다 위에서, 즉 이익을 보고 매도하는 것
- **손절** : 매수한 금액보다 아래에서, 즉 내가 산 평단가보다 내려가게 되면 손해를 막기 위해 매도하는 것

- **시가총액** : 기업의 상장 주식을 시가로 평가한 금액
- **홀딩** : 주식을 매수해서 계속 가지고 있는 것
- **동시호가** : 장전 08:30~09:00 / 장후 15:20~15:30에 접수
  되는 주문을 일괄적으로 하나의 가격에서 체결시
  키는 거래 방법으로, 체결된 동시호가는 그날의 '시
  가' 혹은 '종가'가 됨
- **스캘핑** : 하루 안에 매도와 매수를 하는 매우 빠른 매매
- **스윙** : 2주 또는 한 달 매매로 단기 투자와 장기 투자의 중
  간 개념
- **중장기** : 두 달 이상의 매매
- **단타** : 하루나 일주일 미만의 거래
- **수급** : 매수 및 매도를 하고 있는 상황
- **세력** : 외국인, 기관, 개인 등의 주가를 움직이는 큰손
- **상한가** : 하루에 30% 증가, 즉 개별 종목의 주가가 일별로 상
  승할 수 있는 최고 가격
- **하한가** : 하루에 30% 감소, 즉 개별 종목의 주가가 일별로 하
  락할 수 있는 최저 가격
- **동적 VI** : 특정 호가에서 순간적으로 큰 변동성이 나타나는 경
  우에 발동. 예를 들어, 주식 가격 10,000원짜리가 한
  번의 호가제출로 10,500원(5% 상승)이 되는 경우다.
  발동기준이 되는 변동폭은 2~6% 범위로 종목마다,
  시장마다 조금 상이함.

· **정적 VI** : 작은 변동성이 누적되어 큰 변동성이 나타나는 순
간에 발동. 예를 들어, 어느 주식의 당일 시가가
10,000원인 경우, 이 주식 가격의 상승세가 누적되
어 11,000원(10% 상승)이 되는 경우 발동됨. 발동 기
준은 시가 기준으로 10%임.

기업 실적 / 시장 상황 관련 용어

· **모멘텀** : 주가의 상승·하락 변화를 나타내는 지표를 말하는
것으로 주가 흐름 패턴을 분석해 투자하는 방식

· **호가** : 주식 매매를 위해 가격을 게시하는 것(ex : 지금 호가가
얼마야? 지금 가격이 얼마야?)

· **어닝시즌** : 기업의 실적을 발표하는 시기로 1분기는 4월 중순
에서 5월 초, 2분기는 7월 중순에서 8월 초, 3분기
는 10월 중순에서 11월 초, 4분기는 다음 해 1월 중
순에서 2월 초를 말함

· **어닝쇼크** : 기업 실적 1,000억 원을 예상했는데 600억 원이 나왔
을 경우처럼 기업이 발표한 영업 실적이 시장의 예
상치보다 훨씬 저조해 주가에 충격을 준다는 의미

· **턴어라운드** : 부정적이었는데 긍정적으로 기업 상황이 좋아지
는 것을 의미(적자에게 흑자로 전환되는 것)

· **펀더멘털** : '근본적인', '핵심적인', '기본적인'이라는 의미로
기업의 재정적 상태를 평가하는 데 가장 기본이 되

는 지표들을 이르는 말(기업이 별다른 이슈 없이 안정적인 수익을 낼 수 있을지 여부)

주식러들이 쓰는 은어

· **잡주** : 대형 기업이 아닌, 작은 기업의 가치가 없는(부실한) 주식을 의미

· **상따** : 상한가 따라 매수(주가가 상한가를 갔지만 더 갈 것으로 판단해 상한가 주식을 매수하는 것)

· **하따** : 하한가 따라 매수(주가가 하한가를 갔지만, 주가 회복을 기대하며 하한가 주식을 매수하는 것)

· **존버** : 주식에 물릴 때 쓰는 용어로 버틴다는 의미(ex : 현대차에 투자해놓고 존버하면 5년 뒤에 굉장히 상승해 있지 않을까?)

· **물리다** : 매수한 금액보다 낮아져 마이너스가 되어 매도하지 못하는 상태로, 주식을 비싸게 샀는데 계속 하락해 팔지 못하는 것

· **물타기** : 비싸게 매수한 주식을 가격이 떨어져 저렴할 때 추가로 매수해 평균 단가를 내리는 것을 의미. 평단가를 낮춰 작은 반등에도 탈출할 기회를 잡으려 하는 것

· **뇌동매매** : 기준이나 이유 없이 충동적으로 매수·매도하거나 분위기에 휩쓸려 매수·매도한다는 의미

· **떡상** : 주가가 급상승할 때

· **떡락** : 주가가 급하락할 때

· **매집** : 어떤 의도를 가지고 일정한 주식을 저렴할 때 대량으
로 사 모으는 행위

· **불타기** : 가지고 있는 주식이 더 올랐을 때 평단가보다 비싼
가격에 추가 매수해 평단가를 올리는 것을 의미. 비
중을 높여 이익을 그만큼 더 취하기 위한 기법

· **깡통** : 원금을 모두 잃는다는 의미

많은 분들이 주식이 어려운 것이라는 편견을 가지고 있습니
다. 이와 같은 복잡한 주식 용어들 역시 초보 투자자를 주눅 들
게 합니다. 하지만 주식 투자자 모두가 경제적인 관점에서 투자
하거나 전문가가 될 필요는 없습니다. 주식과 관련된 기사들을
큰 어려움 없이 읽고 이해할 수 있을 정도면 충분합니다. 지금
까지 살펴본 투자 관련 용어들을 참고하셔서 투자하는 데 도움
이 되시길 바랍니다.

시장의 종류와 주식 시장 투자자

시장의 종류

· 코스피(KOSPI)란?

유가증권 시장 본부에 상장된 기업들의 주식 가격 변동을 종
합적으로 작성한 지표를 코스피라고 합니다. 코스피(KOSPI,

Korea Cornposite Stock Price Index)는 '종합 지수'라는 말로
도 표현되며, 시장 전체의 주가 움직임을 측정하는 지표로 활
용됩니다.

또한, 다른 상품들과의 수익률 비교나 경제 상황 예측지표로
도 사용되고 있습니다. 1964년 1월 4일 기준시점으로 미국의
다우 지수식 주가 평균을 지수화한 주가 평균 지수를 산출해 발
표한 것이 가장 처음입니다. 이후 국내 증권 시장의 규모가 확
대됨에 따라 1972년 1월 4일부터는 지수의 편입 종목을 늘리고
기준 시점을 변경해 새로운 한국종합주가지수를 발표하게 되었
습니다. 현재의 코스피(KOSPI) 산출은 1980년 1월 4일을 기준
시점으로 이날의 지수를 100으로 삼아 비교 시점의 주가 지수
와 비율을 나타낸 것입니다.

$$KOSPI = \frac{비교\ 시점의\ 시가총액}{기준\ 시점의\ 시가총액} \times 100$$

일반적으로 유가증권 시장 본부에 상장하기 위해서는 자본이
300억 원 이상, 주식 수는 100만 주 이상이라는 까다로운 상장
요건을 만족시켜야 합니다. 코스피(KOSPI)는 삼성전자, LG전
자, 현대자동차 등 우리가 알고 있는 한국을 대표하는 대표 기
업들이 상장되어 있습니다.

코스피 상장요건

상장요건		일반회사	지주회사
규모 요건 (모두)	기업규모	자기자본 300억원 이상	좌동
	상장주식수	100만주 이상	좌동
분산 요건 (모두)	주식수	다음 중 하나만 충족하면 됨 **01** 일반주주소유비율 25%이상 또는 500만주 이상 (다만, 상장예정주식수 5천만주 이상 기업은 상장예정주식수의 10% 해당 수량) **02** 공모주식수 25% 이상 또는 500만주 이상 (다만, 상장예정주식수 5천만주 이상 기업은 상장예정주식수의 10% 해당 수량) **03** 자기자본 500억이상 법인은 10%이상 공모하고 자기자본에 따라 일정규모이상 주식 발행 · 자기자본 500억~1,000억원 또는 기준시가총액 1,000억~2,000억 : 100만주 이상 · 자기자본 1,000억~2,500억원 또는 기준시가총액 2,000억~5,000억 : 200만주 이상 · 자기자본 2,500억원 이상 또는 기준시가총액 5,000억 이상 : 500만주 이상 **04** 국내외동시공모법인은 공모주식수 10% 이상 & 국내공모주식수 100만주이상	좌동
	주주수	일반주주 700명 이상	좌동
	양도제한	발행주권에 대한 양도제한이 없을 것	좌동

경영
성과
요건
(택1)
	매출액 및
	수익성
		· 매출액 : 최근 1,000억원 이상 및 3년 평균 700억원 이상 &
		· 최근 사업연도에 영업이익, 법인세차감전계속 사업이익 및 당기순이익 각각 실현 &
		· 다음중 하나 충족
		  01 ROE : 최근 5% & 3년 합계 10% 이상
		  02 이익액 : 최근 30억원 & 3년 합계 60억원 이상
		  03 자기자본 1천억원 이상 법인 :
		    최근 ROE 3% 또는 이익액 50억원 이상이고 영업현금흐름이 양(+)일 것
			좌동

	매출액 및 기준시가총액	· 최근 매출액 1,000억원 이상 & · 기준시가총액 2,000억원 이상 * 기준시가총액 = 공모가격 x 상장예정주식수	좌동
	기준시가총액 및 이익액	· 기준시가총액 2,000억원 이상 & · 최근 이익액 50억원 이상	좌동
	기준시가총액 및 자기자본	· 기준시가총액 6,000억원 이상 & · 자기자본 2,000억원 이상	좌동
안정성 및 건전성 요건	영업활동기간	· 설립후 3년 이상 경과 & 계속적인 영업활동 (합병 등이 있는 경우 실질적인 영업활동기간 고려)	좌동 (주요자회사의 실질적인 영업 활동기간 고려)
	감사 의견	· 최근적정, 직전2년 적정또는한정 (감사범위 제한에 따른 한정의견 제외)	좌동 (개별 및 연결재무제표)
	매각제한 (보호예수)	· 최대주주 소유주식 & 상장예비심사신청전 1년 이내 최대주주등으로부터 양수한 주식 : 상장후 6월간 · 상장예비심사신청전 1년 이내 제3자배정 신주 : 발행일로부터 1년간. 단, 그날이 상장일로부터 6월 이내인 경우에는 상장후 6월간	좌동 (금융지주회사의 경우 최대주 주 소유주식 매각제한 제외)

한국거래소 참조

· 코스닥(KOSDAQ)이란?

'Korea Securities Automated Quotation'의 약자로, 한국거래소의 코스닥위원회가 운영하는 장외 주식 거래 시장입니다. 장외 거래라는 것은 말 그대로 한국거래소가 운영하는 시장 외의 모든 장소에서 이루어지는 증권 거래를 말합니다. 즉, 코스피 이외의 주식 거래 시장을 우리나라에서는 코스닥 시장이라고 칭하고 있습니다. 미국의 나스닥(NADAQ, National Association of Dealers Automated Quotation)에서 유래되었다고 알려져 있습니다.

코스닥(KOSDAQ)에는 주로 중소기업과 벤처기업들이 거래되고 있습니다. 1996년 1월 개설되었으며, 이전에는 증권거래소에 상장하기 위해 예비적 단계에 불과했으나, 현재는 자금 도달 시장 및 투자 시장으로 코스피(KOSPI)와 대등한, 독립적인 시장의 역할을 하고 있습니다.

이름에 Automated가 들어간 이유는 매매를 위한 건물 없이 컴퓨터와 네트워크만을 이용해 장외 거래를 중개하는 전자거래 시스템으로 운영되기 때문입니다. 유가증권 시장은 코스피를 통합거래소 상위 시장이라고 하며, 장외 주식 거래 시장은 코스닥을 통합거래소 하위 시장이라고 합니다.

코스피보다는 상장을 위한 요건이 다소 완화되어 있는 편이라 주로 중소기업이나, 벤처기업들이 상장되어 있습니다. 코스닥의 상장요건은 일반기업 및 벤처기업, 그리고 기술성장기업의 두 트랙으로 나뉘게 됩니다. 두 트랙 모두 감사의견이 적정해야 하며, 사외이사와 상근감사를 충족시켜야 하고 주식 양도 제한이 없어야 합니다.

코스닥 상장요건

한국거래소 참조

주식 시장 투자자 분류

주식 시장에서 누구와 거래를 주고받는 것인지, 주식 시장에 참여하고 있는 주체(투자자)들에 대해서 알아보겠습니다. 주식 거래는 상호 간의 매수 주문과 매도 주문에 의해서 거래가 이루어집니다. 신문이나 뉴스에서 외국인과 기관의 강한 매수세에 코스피가 급등했으며, 개인 투자자들의 강한 매수세임에도 불구하고 외국인 투자자들의 매도세에 코스피가 급락했다는 뉴스를 접해봤을 것입니다.

하나금융투자 참조

이것이 외국인과 기관, 개인 투자자에게는 어떤 의미가 있을까요? 주식 시장에 참여하는 주체는 크게 외국인, 기관, 개인 투자자로 분류됩니다.

· 외국인 투자자 – 외국 기관

외국인 투지지들은 국내 시장의 수급적인 부분에서 가장 중요한 주체가 되며, 한국증시에 큰 방향성을 제시해준다고 볼 수 있습니다.

외국계 기관 투자자 중에는 공격성을 띤 투자 주체가 있고, 홍콩(홍콩물고기), 싱가포르 등 시장의 방향성과 무관하게 절대적인 수익을 내려는 수많은 규모의 헤지펀드 투자 주체도 있습니다. 외국계 증권 투자기관(헤지펀드, 인덱스펀드, 주식형펀드 등) 수급에 외국인 투자자들로만 찍히는 한국의 검은 머리 외국인이 있다는 것도 체크해야 할 사항입니다. CFD 상품을 이용해 한국증권사와 계약을 맺고 증권사는 그 계약서를 가지고 또 다른 외국계 증권사에 가서 거래를 맺는 것으로, 검은 머리 외국인이 매매 주문을 체결할 경우 외국계 증권사로 주문이 나가는 것입니다.

수퍼 개미 투자자일 경우, 외국계 증권사의 자본을 담보로 투자하는 고액 레버리지 거래가 일어나며, 수급 자체가 외국인으로 나타나기 때문에 알 수가 없는 것 또한 체크해야 할 부분입니다. 이 또한 중·소형주 투자를 할 때 기관의 수급은 없는데 외국인 투자 주체만 나타날 경우, 그 주식 종목의 거래가 외국계 증권사라면 CFD 매매로 인한 것임을 판단할 수 있을 것입니다.

· **기관 투자자** – 국민연금(연기금), 헤지펀드(사모, 투신), 주식형펀드(금
　투, 보험, 은행)

국내 개인 투자자들을 제외한 모든 법인회사를 뜻합니다. 모든 법인회사의 공통점은 고객들로부터 돈을 받아서 주식 시장에 투자한다는 것입니다. 국내 주식 시장의 기관 투자자 중 가

2021년도 목표 포트폴리오

(단위 : %, %p)

구분	2020년말(A)[2]	2021년말(B)	증감(B·A)
국내주식	17.3	16.8	△0.5
해외주식	22.3	25.1	2.8
국내채권[1]	41.9	37.9	△4.0
해외채권[1]	5.5	7.0	1.5
대체투자	13.0	13.2	0.2
사모투자	4.1	4.4	0.3
부동산	5.1	5.0	△0.1
인프라	3.3	3.3	·
헤지펀드	0.5	0.5	·
금융부문 계	100.0	100.0	·

국민연금관리공단 참조

장 큰 규모의 투자 주체는 국민연금입니다. 국내 주식 시장 규모의 약 8~10%를 보유하고 있습니다.

국민연금의 포트폴리오가 어떻게 짜여 있는지 파악하는 것도 중요합니다. 연금 내에서 국내 주식 투자 비중, 해외 주식 투자 비중, 채권 투자 등을 체크할 필요가 있습니다.

005930	▼ Q ⇄	삼성전자	계층30	K200 전기전자
현재가	82,000 ▼	1,700	(-2.03%)	39,615,978 · Web 화면

| 기업현황 | 기업개요 | 재무분석 | 투자지표 | 컨센서스 | 경쟁사분석 | 지분현황 |

| 최대주주 | 10%이상주주 | 5%이상주주 | 기타주주 |

대표주주	보고자	보유주식수	보유지분 (%)	최종거래일
국민연금공단	국민연금공단	638,687,780	10.70	20/12/28

005380	▼ Q ⇄	현대차	계층30	K200 운수장비
현재가	229,000 ▼	9,500	(-3.98%)	2,663,404 · Web 화면

| 기업현황 | 기업개요 | 재무분석 | 투자지표 | 컨센서스 | 경쟁사분석 | 지분현황 |

| 최대주주 | 10%이상주주 | 5%이상주주 | 기타주주 |

대표주주	보고자	보유주식수	보유지분 (%)	최종거래일
국민연금공단	국민연금공단	21,251,730	9.95	21/01/12

한국을 대표하는 대기업들의 주요 주주가 국민연금인 것은 위의 자료를 보면 알 수 있습니다.

· **개인 투자자** – 일반 소액 투자자(개미), 큰손 투자자(수퍼 개미)

개인 투자자는 외국인 투자자나 기관 투자자에 비해 자본 세력이 약하며 작은 존재여서 개미 투자자라고 불립니다. 하지만 개개인의 개미 투자자들이 모이면 강력합니다. 개미들이 군집을 형성할 경우, 무시할 수 없는 집단이 되는 것은 2020년 코로나19 시장부터 현재 주식 시장 상황을 보면 알 수 있습니다. 주식 개미들의 풍부한 현금 유동성과 공매도 일시 중단으로 인해 갈 곳 없는 부동자금들이 엄청난 수급을 형성합니다. 코스피·코스닥 시장의 엄청난 수급으로 인해 주식 시장 규모가 커지고 꾸준한 상승장을 이끌게 되었습니다.

한국증시 거래 시간대 알아보기

최근 부쩍 주식에 관심을 갖는 일반인들이 많아졌습니다. 주식을 시작하기 위해서는 많은 것을 알아야 하겠지만, 먼저 어떤 시간에 어떤 거래가 이루어지는지에 관해 설명하겠습니다.

	정규시간	09:00 ~ 15:30 (1월 2일 10:00~15:30)
동시호가	장 시작 동시호가	08:30 ~ 09:00
	장 마감 동시호가	15:20 ~ 15:30
시간외 종가	장전 시간외 종가	08:30 ~ 08:40 (전일 종가로 거래)
	장후 시간외 종가	15:40 ~ 16:00 (당일 종가로 거래)
	시간외 단일가	16:00 ~ 18:00 (10분단위로 체결, 당일 종가대비 ±10% 가격으로 거래)

주식을 거래할 수 있는 시간은 크게 4가지로 구분되며, 그중 동시호가는 상 시작과 마감, 시간 외 종가는 장전 및 장후로 구분되어 총 6개의 거래 시간으로 구분됩니다.

정규시간(09:00~15:30)

기본적으로 주식을 사고팔 수 있는 시간이라고 생각하면 됩니다. 주말과 공휴일을 제외하고 매일 오전 9시부터 당일 오후 3시 30분까지, 6시간 30분 동안 주식 거래를 할 수 있습니다.

동시호가(08:30~09:00, 15:20~15:30)

실시간으로 거래가 이뤄지지 않고, 단순히 주문 접수만 받습니다. 모든 주문은 동시에 낸 것으로 간주하고, 누적된 (매수·매도) 다수의 주문에 대해 단일 가격(동시호가)을 적용해 일괄체결되며, 동시호가를 통해 당일 시가와 종가가 결정됩니다.

시간 외 거래(08:30~08:40 / 15:40~16:00)

· 장전 시간 외 거래(08:30~08:40)

전일 종가(마지막 가격)로 10분 동안 거래가 진행됩니다. 팔고자 하는 사람이 있어야 하며, 체결이 이루어지지 않으면 08:40에 자동으로 주문의 효력이 사라집니다.

· 장후 시간 외 거래(15:40~16:00)

당일 종가(마지막 가격)로 20분 동안 거래가 진행됩니다. 팔고자 하는 사람이 있어야 하며, 4시까지 체결이 이루어지지 않으면 주문의 효력은 사라집니다.

시간 외 단일가(16:00~18:00)

실시간으로 거래가 체결되는 정규시간과 달리 10분마다 거래가 이루어집니다. 총 2시간 동안 거래가 이루어지니 총 12번의 거래가 이루어진다고 생각하면 됩니다. 당일 종가를 기준으로 +, - 10% 안에서(당일 상/하한가 이내) 가격이 결정됩니다. 당일의 종가가 1,000원이었다면 위로 1,100원, 아래로 900원 안에서 가격이 결정됩니다.

앞에서 이야기한 것처럼 당일 상·하한가 이내의 10%이기에 정규장에서 이미 상한가를 기록했다면, 시간 외 단일가 거래에서 더 이상의 상승 여력은 없습니다.

재무제표에서 확인해야 할 중요 체크 포인트

기준금리가 낮아지면서 투자자들은 주식 시장에서 더 높은 수익 창출을 위해 노력하고 있습니다. 주식 투자는 예금이나 적금과 같은 안전자산에 비해 원금의 손실을 어느 정도 생각하고 시작해야 하기 때문에 원금 손실을 원하지 않는 안전한 투자 성향을 가지고 있는 분은 시작하기가 쉽지 않습니다.

안전하게 자산을 지키면서 성공적인 주식 투자를 하기 위해서는 특별한 정답은 없습니다. 하지만 최소한의 안전장치로 내가 투자하는 기업이 어떤 기업인지, 성장 가능성은 충분한지, 위기 상황에서도 충분히 헤쳐나갈 수 있는 기업인지 확인하고 투자하는 것이 안전하게 내 자산을 지킬 수 있는 방법입니다.

기업의 건전성을 확인할 수 있는 방법 중 하나가 바로 재무제표입니다. 기업은 주기적으로 재무제표를 공시하게 되어 있기 때문에 투자자들은 기업의 자금 흐름 등을 직접 확인할 수 있습니다.

금융감독원 전자공시시스템(dart.fss.or.kr)
기업을 보고 투자를 결정하는 데 사용할 수 있는 금융감독원 전자공시시스템 사이트는 우리나라 기업이 금융감독위원회 등 관계기관에 제출하는 신고 또는 보고서 등을 인터넷을 통해 전자문서로 제출하고 그 내용을 실시간으로 일반인에게 공시함으로써 공시의 신속성과 기업 경영의 투명성을 제공합니다.
– 금융감독원 전자공시시스템 참조

재무제표에서 꼭 확인해야 할 중요 체크 포인트에 대해 알아보도록 하겠습니다.

'회사 개요'를 반드시 확인하자
어떤 기업이고, 어떤 일을 하는지, 계열사나 기업의 연혁 등 미래의 투자 방향에 대해 알 수 있으며, 투자하고자 하는 기업의 주력 사업이나 보유 기술 등 앞으로 일어날 정책적 테마와 연결해서 전략을 만들 수도 있습니다.

재무제표, 무엇을 볼 것인가?

재무제표를 모르시는 분들이 많은데 주식 투자자라면 알고 넘어가야 하는 기본적 분석입니다. 재무제표란 기업의 활동으로 인한 재무적인 상태를 나타내기 위한 표로, 재무상태표, 손익계산서, 현금 흐름표로 나눠집니다. 쉽게 말하면 회사에 현재 돈이 얼마나 있는지, 돈을 얼마나 벌었는지 등을 수치로 나타내줍니다.

우리나라 주식 시장에 상장된 기업들은 재무제표를 매 분기

작성해야 합니다. 재무제표는 회사 직원, 채권자, 공급자, 소비자 등 다양한 사람들을 대상으로 작성됩니다. 따라서 누가 재무제표를 읽느냐에 따라서 체크해야 할 부분과 해석이 다릅니다. 개인 투자자분들이 재무제표를 보는 것을 전제로 정리해보겠습니다.

문서목차		
유동자산	81,868,709	76,082,873
현금및현금성자산	12,306,985	8,681,971
단기금융상품	5,742,257	7,292,626
기타금융자산	12,106,545	9,449,913
매출채권	3,154,316	3,513,090
기타채권	3,510,974	3,402,059
재고자산	11,632,194	11,663,848
기타자산	1,936,008	1,777,627
당기법인세자산	135,700	112,046
금융업채권	31,337,979	30,178,200
매각예정비유동자산	5,751	11,493
비유동자산	125,227,530	118,429,347
장기금융상품	136,794	803,262
기타금융자산	2,864,204	3,059,526
장기성매출채권	113,624	127,430
기타채권	689,585	705,154
기타자산	916,883	865,767
유형자산	33,966,057	32,831,524
투자부동산	163,549	171,494
무형자산	5,597,776	5,266,496
공동기업 및 관계기업투자	20,002,644	18,375,290
이연법인세자산	2,931,549	2,340,096
금융업채권	36,029,054	32,080,426
운용리스자산	21,243,988	21,068,340
사용권자산	868,823	734,542
자산총계	207,096,239	194,512,220

금융감독원 전자공시시스템 참조

자산은 유동자산과 비유동자산으로 나뉩니다. 단어 그대로 돈을 쉽게 움직일 수 있는지를 따져보면 쉽게 이해할 수 있습니다. 유동자산은 현금, 채권, 재고 등 1년 이내에 현금을 빠르게 움직일 수 있는 자산을 칭하며, 비유동자산은 공장이나 부동산, 특허 기술처럼 쉽게 현금화하기 어려운 자산을 의미합니다.

유동자산을 통해 기업의 현금 유동성을 파악할 수 있으며 비유동자산을 통해 자산의 유형에는 어떤 것들이 있는지 가늠해 볼 수 있습니다. 자산이 많다고 하더라고 사업군에 맞는 자산을 가지고 있어야 좋은 기업이라고 할 수 있습니다.

문서목차

분기보고서
【대표이사 등의 확인】
I. 회사의 개요
  1. 회사의 개요
  2. 회사의 연혁
  3. 자본금 변동사항
  4. 주식의 총수 등
  5. 의결권 현황
  6. 배당에 관한 사항 등
II. 사업의 내용
III. 재무에 관한 사항
  1. 요약재무정보
  2. 연결재무제표
  3. 연결재무제표 주석
  4. 재무제표
  5. 재무제표 주석
  6. 기타 재무에 관한 사항
IV. 이사의 경영진단 및 분석의
V. 감사인의 감사의견 등
VI. 이사회 등 회사의 기관에 관
  1. 이사회에 관한 사항
  2. 감사제도에 관한 사항
  3. 주주의 의결권 행사에 관
VII. 주주에 관한 사항
VIII. 임원 및 직원 등에 관한 사
  1. 임원 및 직원 등의 현황
  2. 임원의 보수 등
IX. 계열회사 등에 관한 사항

부채		
유동부채	57,820,469	53,314,096
매입채무	8,447,620	7,669,424
미지급금	5,118,913	6,060,100
단기차입금	12,289,510	12,570,693
유동성장기부채	17,049,735	15,778,558
당기법인세부채	556,004	370,100
충당부채	5,866,498	3,462,034
기타금융부채	25,989	9,970
기타부채	8,323,403	7,260,829
리스부채	142,797	132,388
비유동부채	73,425,666	64,832,370
장기성미지급금	806,306	847,287
사채	49,766,300	41,805,814
장기차입금	11,797,907	11,217,088
순확정급여부채	447,648	412,598
충당부채	3,609,030	3,682,895
기타금융부채	276,152	175,196
기타부채	2,667,557	2,552,819
이연법인세부채	3,433,712	3,503,077
리스부채	621,054	635,596
부채총계	131,246,135	118,146,466

금융감독원 전자공시시스템 참조

부채는 상환 이행시기에 따라 유동부채와 비유동부채로 나눠집니다. 유동부채는 재무 상태일로부터 1년 이내에 빠른 상환이 이행되어야 하는 부채를 말하고, 비유동부채는 1년 후에 만기가 도래하는 부채를 말합니다. 일반적으로 유동자산이 유동부채의 총액의 2배 이상이면 대출 상환 능력 등이 좋은 회사라고 판단할 수 있습니다.

손익계산서, 현금 흐름표 등 포괄적인 점검은 필수!

   손익계산서는 기업의 손실과 수익에 대한 정보가 제공되기 때문에 기업 경영이 어떻게 이루어지는지 확인해볼 수 있는 좋은 자료입니다. 기업 매출을 위해 사용된 비용(판매비와 관리비, 매출원가 등)이 표기됩니다. 이러한 모든 비용을 제외한 수익을 영업 이익이라고 합니다.

연결 손익계산서 제 53 기 3분기 2020.01.01 부터 2020.09.30 까지 제 52 기 3분기 2019.01.01 부터 2019.09.30 까지 (단위 : 백만원)				
	제 53 기 3분기		제 52 기 3분기	
	3개월	누적	3개월	누적
매출액	27,575,812	74,754,251	26,968,853	77,922,285
매출원가	22,450,545	61,651,847	22,540,467	64,958,197
매출총이익	5,125,267	13,102,404	4,428,386	12,964,088
판매비와관리비	5,439,090	11,962,130	4,049,866	10,522,972
영업이익(손실)	(313,823)	1,140,274	378,520	2,441,116
공동기업및관계기업투자손익	11,103	45,812	74,735	442,635
금융수익	239,912	614,676	177,833	611,444
금융비용	202,767	689,154	130,808	396,687
기타수익	322,340	919,590	362,966	979,346
기타비용	419,066	1,072,965	434,230	1,046,051

금융감독원 전자공시시스템 참조

영업 이익이 좋다고 반드시 기업이 좋다고 볼 수는 없습니다. 기업은 영업 이외의 수익이나 손실 비용이 발생할 수도 있습니다. 기업에서 기계 등 실물자산을 처분해 이익이 났다면 영업 이익 외 이익으로 수익이 발생한 것입니다. 영업 이익이 적자라도 영업 외 수익이 흑자일 수 있고, 영업 이익이 높더라도 적자를 기록할 수 있습니다. 영업 이익에서 영업 외 수익 및 손실을 모두 합산해 최종적으로 계산하면, 기업이 벌어들인 최종 순이익이 됩니다. 이를 당기순이익이라고 합니다. 손익계산서는 수익과 손실에 대한 비용을 전체적으로 파악할 수 있기 때문에 투자자는 이를 통해 기업 재정의 과정과 원인을 한눈에 살펴볼 수 있습니다.

연결 자본변동표

세 53 기 3분기 2020.01.01 부터 2020.09.30 까지
세 52 기 3분기 2019.01.01 부터 2019.09.30 까지

(단위 : 백만원)

	자본							
	지배기업의 소유주에게 귀속되는 자본							
	자본금	자본잉여금	기타자본항목	기타포괄손익 누계액	이익잉여금	지배기업의 소유 주에게 귀속되는 자본 합계	비지배지분	자본 합계
2019.01.01 (기초자본)	1,488,993	4,201,214	(1,155,244)	(3,051,076)	66,490,082	67,973,969	5,922,041	73,896,010
총포괄이익:								
연결분기순이익					2,175,648	2,175,648	237,932	2,413,580
기타포괄손익-공정가치측정금융자산 관련 손익			15,679	(1,785)		13,894	3,450	17,344
현금흐름위험회피파생상품평가손익			(24,944)			(24,944)	(16,506)	(41,450)
지분법평가			355,919	(142,934)		212,985	14,353	227,338
확정급여제도의 재측정요소				(18,304)		(18,304)	(3,405)	(21,709)
해외사업환산손익			811,219			811,219	103,349	914,568
총포괄이익 소계			1,157,873	2,012,625		3,170,498	339,173	3,509,671
자본에 직접 반영된 소유주와의 거래:								
배당					(1,063,331)	(1,063,331)	(58,503)	(1,121,834)
종속기업의 증자							3,238	3,238
종속기업의 취득							2,169	2,169
종속기업의 처분							(19,637)	(19,637)
자기주식 취득			(233,830)			(233,830)		(233,830)
기타변동분		(6,616)			(23)	(6,639)	(3,960)	(10,599)

금융감독원 전자공시시스템 참조

자본 변동표입니다. 자본 구성이 어떻게 변화했는지 확인할 수 있습니다. 순이익에 따라 자본의 증가와 자본 차감에 대한 배당금 지급 정보를 파악할 수 있습니다. 이익 잉여금, 자본 잉여금과 자본금의 합산이 자본으로 들어가게 되며, 이 항목들로 유보율을 구할 수 있습니다. 유보율이란 기업의 설립 자본 대비 어느 정도 자본을 적립했는지 판단하는 투자 지표입니다.

연결 현금흐름표
제 53 기 3분기 2020.01.01 부터 2020.09.30 까지
제 52 기 3분기 2019.01.01 부터 2019.09.30 까지

(단위 : 백만원)

	제 53 기 3분기	제 52 기 3분기
영업활동으로 인한 현금흐름	2,215,299	1,320,577
영업으로부터 창출된 현금흐름	3,740,189	2,891,573
연결분기순이익	741,151	2,413,580
조정	13,151,621	11,452,537
영업활동으로 인한 자산·부채의 변동	(10,152,583)	(10,974,544)
이자의 수취	421,486	523,306
이자의 지급	(1,481,865)	(1,552,053)
배당금의 수취	222,758	204,338
법인세의 지급	(687,269)	(746,587)
투자활동으로 인한 현금흐름	(5,858,152)	(3,352,025)
단기금융상품의 순증감	2,040,367	(1,058,279)
기타금융자산(유동)의 순증감	(2,405,305)	2,017,836

현금 흐름표 또한 기업의 실질적 현금 창출 능력을 파악할 수 있는 중요한 보고서입니다. 기업에서 당장 사용할 수 있는 투자 여력이 어느 정도인지 파악할 때도 유용하게 사용될 수 있으며, 현금을 어떻게 조달하고 사용했는지에 대한 종합적인 흐름

을 확인할 수 있습니다.

투자 활동이나 재무 활동에서 사업과 무관하게 수익을 갉아먹는 부분이 있는지 파악할 수 있으며, 건실한 수익을 내고 있으나 현금 및 현금성 자산이 부족한 경우, 사업 투자를 위해서 회사는 주식 투자자의 입장에서는 꺼려지는 전환사채나 유상증자를 발행할 수도 있음에 주의해야 합니다.

주식 시장은 살아 있는 생명체 – 주식 시장의 4단계와 트레이딩 방법의 특징

주식 시장은 살아있는 생명체처럼 태어나고 성장했다가 병들고 무너지기를 반복합니다. 이러한 주식 시장을 우라가미 구니오(浦上邦雄)는 4계절로 표현하고, 앙드레 코스톨라니(André Kostolany)는 계란 모양에 비유해서 설명했습니다.

주식 시장의 국면을 크게 4단계로 나누어 상승 시작, 상승 피크, 하락 시작, 하락 마무리로 생각해보면 상승을 시작하는 국면에는 공통으로 금리가 저금리에서 조금씩 인상되고, 기업들의 실적들이 서서히 회복되어가는 모습을 보입니다.

한국증시를 보면 기업들의 실적은 개선되어가고 있고, 금리는 마이너스 금리로 상승 시작에서 상승 피크 국면 과정에 진행되고 있다고 볼 수 있습니다.

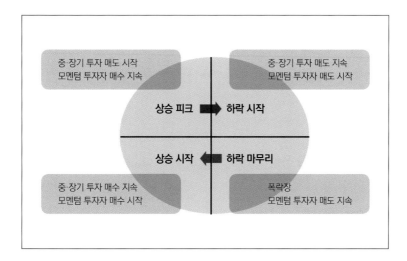

1년 동안 봄, 여름, 가을, 겨울이 차례로 진행되어 사계절이 성립됩니다. 주식 시장 또한 위의 그림과 같이 4단계로 순환되고 있습니다. 가치 투자자들은 하락 마무리 단계와 상승 시작 단계에서 꾸준히 저가 매수세가 들어옵니다.

시장이 충분히 하락한 이후에는 가격이 하락한 주식이 많기 때문에 가치 투자자들이 저가 매수를 시작하게 되고, 이러한 매수세는 저평가된 종목들이 부족해질 때까지 지속됩니다. 하락 마무리 단계와 상승 시작 국면에서는 가치 투자들의 매수세가 집중되는 구간입니다.

모멘텀 투자자들은 여러 관점에서 모멘텀이 있는 주식을 매수하고, 모멘텀이 사라지면 매도합니다. 중장기 모멘텀 플레이어나 초단기 모멘텀 플레이어 등 다양한 분류의 투자자들이 존재합니다. 모멘텀 투자자들은 공격적으로 주식이 상승해야만 매수합니다. 그래서 가치 투자보다는 추세가 확인 이후인 상승 시작과 상승 피크 단계에서 매수세를 시작하게 됩니다.

증자의 종류와 성격

유상증자란?

기업은 사업을 하려면 돈이 필요합니다. 돈을 어떻게 조달할지는 상황에 따라 다르지만 3가지 방법이 있습니다. 회사 이름으로 채권을 발행하거나, 은행에서 돈을 빌리거나, 주식을 발행해서 자본금을 늘리는 것입니다. 이들은 시장 자본주의의 핵심, 자본 시장의 축을 이룹니다. 채권, 주식 시장에서는 하는 일이 모두 이 3가지와 직·간접적으로 연결됩니다.

시장 자본주의에서는 자본금 늘리기, 즉 증자가 가장 활발하며, 증자는 주식을 발행할 때 자금을 받는 유상증자와 주주들에게 주식을 무상으로 주는 무상증자로 나뉩니다. 대다수의 증자라 하면 유상증자를 가리킵니다.

유상증자의 종류와 방식

· 주주 배정 방식

기존 주주들에게 신주인수권을 배정하는 방식이며, 우선 주주들에게 신주를 살 수 있는 기회를 주고 사지 않아 남게 되는 물량을 일반 투자자들에게 넘깁니다.

· 일반 공모 방식

공개적으로 유상증자 청약을 모집하는 방식이며, 대개 주주 배정 방식 후 남은 물량(실권주)으로 기회를 줍니다.

· 제삼자 배정 방식

특정인 또는 기업이 신주를 가져가는 것을 전제로 배정하는 방식입니다. 지분을 특정인에게 넘겨주고자 할 때 투자의 개념으로 해석될 수 있습니다.

유상증자의 성격

일반 공모, 주주 배정 방식의 경우는 대부분 악재로 평가받습니다. 자금을 필요로 하는데 투자받은 곳이 없기에 증자를 한다고 판단하며, 반면에 제삼자 배정 방식은 호재로 받아들여집니다.

· 유상증자를 하는 이유가 절대적으로 중요하다

증자를 한다고 해서 시가총액이 변하는 것이 아니기에 발행량이 많다면 주식의 가치는 떨어집니다. 유상증자를 진행하면서 주주들에게 신주를 받을 권리가 주어지는데, 신주 배정 기준일이 지나면 권리락이 발생합니다. 이는 주식 수가 늘어나면서 주가가 발행량에 따라 일정 비율 하락하는 현상입니다.

호재와 악재를 판단하기 위해서는 투자하고 있는 기업이 성장하면서 추가로 자금이 필요한 상황인지, 경영 상태가 어려워 자금을 필요로 하는지에 따라 달라진다는 것을 염두에 두고 투자하는 것이 바람직합니다.

공시제도의 종류

공시의 종류

공시의 종류에는 자율공시, 조회공시, 자진공시, 정기공시, 수시공시, 공정공시, 주요경영사항의 신고·공시 등이 있습니다. 자율공시는 기업의 자율적인 판단 및 책임하에 이루어지는 제도입니다. 상장법인의 공시의무 사항 외에 회사의 경영, 재산 및 투자자의 판단에 영향을 주는 것으로, 사유 발생일로부터 1일 이내에 공시해야 하는 의무가 있습니다. 조회공시란 주가가 이유 없이 급등락할 경우에 대한 답변 혹은 소문 및 보도내용에 관한 사실 여부에 대해 거래소가 요구해서 발행하는 공시입니다. 자진공시는 상장법인이 신규사업이나 사업계획 등을 자진해서 공시하는 것을 의미합니다.

· 정기공시

투자자에게 기업 내용과 함께 일정 기간의 영업성과 및 재무 상태를 정기적으로 공시하는 것을 말합니다.

· 수시공시

주요경영사항의 신고·공시 : 증권시장에서 항시적인 정보 형평을 기하기 위해 거래소 등 자율규제기관에서 담당하고 있는 대표적인 자율규제기능 중의 하나입니다. 유통 시장에서 수시로 발생하는 기업의 주요 경영 정보 발생 시마다 바로 공시하도록 규정하고 있으며 상장기업은 주요경영사항에 해당하는 사실 또는 결정이 있는 경우에는 그 내용을 거래소에 신고해야 하는 의무가 있습니다.

조회공시 : 증권의 공정한 거래와 투자자 보호를 위해 기업의 주요 경영사항 또는 그에 준하는 사항에 관한 풍문 또는 보도의 사실 여부나 당해 기업이 발행한 주권 등의 가격이나 거래량에 현저한 변동(시황)이 있는 경우, 거래소가 상장기업에 중요한 정보의 유무에 대한 답변을 요구하고 당해 기업은 이에 응해 공시하도록 하는 제도입니다.

자율공시 : 상장기업의 공시 능력을 높이고자 자진공시 및 일부 항목에서 제한적으로 운용되던 자율공시항목을 확대해서 주요 경영사항 이외의 사항에 관해 상장기업의 자율적 판단으로 당해 기업에 관한 주요 경영상의 정보 등을 공시할 수 있도록 하는 제도입니다.

공정공시 : 상장기업이 증권시장을 통해 공시되지 않은 중요 정보를 기관 투자자 등 특정인에게 선별적으로 제공하고자 하는 경우, 모든 시장 참가자들이 동 정보를 알 수 있도록 그 특정인에게 제공하기 전에 증권시장을 통해 공시하도록 하는 제도입니다, 공정공시는 불공정거래의 예방, 수시공시제도의 보완, 합리적 기업분석을 유도하는 증시환경 조성 등의 기능을 담당합니다.

불성실공시

공시위반에 대한 제재에 불성실 공시가 있는데, 불성실공시란 상장법인이 자본시장법 및 유가증권시장 공시규정에 의한 공시의무를 성실히 이행하지 않아 공시불이행, 공시번복 또는 공시변경에 해당하는 위반행위를 하는 것을 말합니다. 불성실 공시 법인 지정은 자본시장법상의 허위공시 등에 대한 제재나 금융위원회의 공시의무 위반에 대한 제재 외에 자율규제기관인 거래소의 제재로서, 상장법인의 성실한 공시의무 이행을 위해 두고 있는 제도라고 할 수 있습니다.

· 불성실공시의 유형

공시불이행 : 주요경영사항 등을 공시기한 이내에 신고하지 않거나 허위공시

공시번복 : 이미 신고 및 공시한 내용에 대한 전면취소, 부인 또는 이에 준하는 내용을 공시

공시변경 : 기공시한 사항 중 중요한 부분에 대한 변경이 발생한 경우

Chapter 02 | 주린이 초보 탈출! 기술적 분석 뽀개기

주식 시장이 호황을 누리게 되면 개인 투자자들이 주식 시장
에 뛰어들어 세 번의 깡통을 차봐야 초보에서 중수, 중수에서
고수의 영역으로 갈 수 있다고 합니다. 고수의 영역으로 가려
면 그만큼 피나는 노력과 고통이 따른다는 것입니다. 주식의 기
본을 먼저 습득하고, 투자자 스스로에게 맞는 매매 기법을 만드
셔야 합니다.

단타인지, 중·장기 투자인지, 스윙인지 등의 어떤 매매 성향인
지, 어떤 차트의 유형이 좋은지, 기술적 분석 보조 지표 중 어떤
지표를 적용할 것인지, 종목을 매수할 때는 어떤 기법을 적용시
켜 매수할 것인지, 또한 매도할 때는 언제, 어느 지점에서 얼마
의 수익이 발생했을 때 매도 대응을 할 것인지, 매수한 종목이
손실이 났을 때 손절 라인은 어느 선을 정할 것인지 등 투자자

자신의 매매 스타일을 먼저 정한 후, 기술적 분석을 열심히 파헤쳐 수많은 기법 중 어떤 기법을 가지고 대응할 것인지 자신에게 맞는 기법을 스스로 확립해야 합니다. 자신의 원칙과 매매 기법은 무슨 일이 있어도 지켜야만 합니다.

기술적 분석은 미래의 가격 추세를 예측하기 위해 차트로 시장의 움직임을 연구하는 것입니다. 기본적 분석을 통해 투자할 기업을 선정했다면, 기술적 분석을 통해 매수 타이밍을 잡을 수 있고, 혹은 기술적 분석만을 통해 종목을 선택해 매매할 수도 있습니다.

시장의 움직임은 모든 것을 반영한다

시장의 모든 기본적인 것, 정치적인 것, 심리적인 것 등이 시장 가격에 반영됩니다. 일반적으로 가격 상승 또는 하락의 원인에는 신경 쓰지 않습니다. 왜냐하면 시장이 어떤 방향으로 움직이는지에 대한 이유를 정확히 아는 사람은 없기 때문입니다. 또한 가격 차트와 지표를 연구해 시장의 방향을 효과적으로 예측할 수 있고, 필요 이상으로 시장을 앞질러 예측하지 않습니다. 시장이 강세 또는 약세가 되는 데는 이유가 있습니다. 다만 그러한 이유를 아는 것은 예측에 꼭 필요하지는 않습니다.

가격의 움직임은 추세를 만든다

추세는 기술적 접근에 반드시 필요합니다. 시장의 가격 움직임을 차트로 나타내는 목적은 추세를 초기에 파악하기 위함입니다. "외부에서 힘이 가해지지 않는 한 모든 물체는 자기의 상태를 그대로 유지하려고 한다"는 뉴턴의 제1 법칙, 관성의 법칙을 기술적 분석에 적용하면 "움직이는 추세는 현재의 추세를 계속 유지하려는 경향이 있다"라는 말이 됩니다. 실제로 주가는 추세가 발생하면 상당 기간 그 추세를 유지합니다.

역사는 계속해서 반복한다

변화하지 않으려는 경향이 있는 심리에 바탕을 둔 것인데, 지난 100년간 파악된 차트의 패턴 중 잘 맞았던 패턴은 미래에도 계속 잘 맞을 것이라고 생각하는 것입니다. 즉 미래는 곧 과거의 반복이라고 할 수 있습니다.

기술적 분석은 과거에 맞는 것이지 미래를 예측하는 데 전혀 도움이 되지 않는다고 말하지만, 사람의 욕심은 끝이 없고 같은 실수를 반복한다는 이야기도 있듯, 과거 자료를 이용하는 것은 통계적 차원에서 근거가 됩니다.

기술적 분석 기초 – 캔들

캔들이란?

여러 개의 캔들로 주식 차트의 모양이 완성된 것을 보셨을 것입니다. 양초 모양과 같다고 해서 캔들(Candle)이라고 불리며, 변동이 심한 주가의 흐름도 알아보기 쉽게 나타낸 방법이 캔들차트입니다.

캔들 차트 보는 방법

주식을 처음 시작하는 분들은 차트를 보면 당황스러울 수 있습니다. 지금부터 캔들의 의미를 먼저 알아보겠습니다.

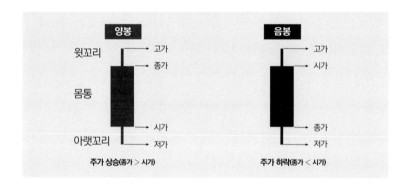

캔들은 크게 양봉, 음봉의 2가지로 나뉘며 빨간색 봉일 때는 양봉이라 하고(시작 가격보다 주가가 상승할 경우), 파란색 봉일 경우 음봉이라 합니다(시작 가격보다 주가가 하락할 경우).

양봉은 시작한 가격보다 끝나는 가격이 높고, 음봉은 시작한 가격보다 끝나는 가격이 낮다는 것을 파악할 수 있습니다.

캔들은 하루의 시작 가격(09:00)에서 주식 시장이 끝난 시점(15:30)으로 만들어집니다. 삼성전자의 주가를 예로 들면, 84,800원으로 시작해(시가), 제일 높은 가격(고가)은 85,400원이고 제일 낮은 가격(저가)은 83,400원입니다. 최종적으로 84,600원에 마감했습니다.

간단한 캔들 예시

· 장대양봉, 장대음봉

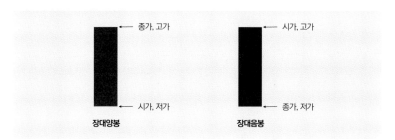

장대양봉은 시가를 가장 낮은 가격(저가)에서 시작해 상승하면서 고점에서도 하락하지 않으며, 주식 시장 마감 종가를 고가로 마무리하는 캔들입니다.

장대음봉은 시가를 가장 높은 가격(고가)에서 시작해 고점에서 꾸준히 하락하며, 주식 시장 마감 종가를 저가로 마무리하는 캔들입니다.

| 해석 포인트 |

장대양봉이 형성되면서 거래량이 대량으로 터진다면 추가적인 상승 여력이 있다는 뜻으로, 종목 선택에 용이할 수 있습니다. 반대로 장대음봉이 형성된다면 하락 추세로 반전될 수 있습니다.

· 망치형, 교수형

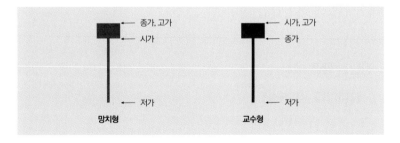

망치형은 매도 물량으로 인해 쭉 하락시켰다가 장 마감 종가가 시가를 넘어 고가에서 마무리되는 형태이며, 교수형은 장 시

작 후 가장 높은 가격을 형성하고 장중 매도 물량으로 인해 하락시켰다가 장 마감 시에는 시가 부근에서 마무리했지만, 시가를 넘지 못하고 장이 마감된 형태입니다.

| 해석 포인트 |

일봉상 저가권에서 망치형 캔들이 뜬다면 하단에서 저가권 물량의 매수세가 강했다는 것을 알 수 있으며, 상승 추세반전이 될 수 있기 때문에 저가권에서 저런 캔들이 발생하면 매수 관점으로 접근이 가능합니다. 높은 가격에서 교수형 캔들이 뜬다면 하락 추세반전이 될 확률이 높으니 리스크를 관리하는 방법이 될 수 있습니다.

· 유성형, 역망치형, 도지형

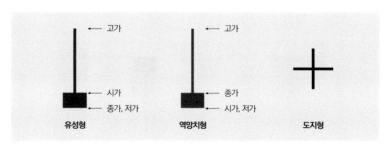

유성형은 고가까지 올라갔지만, 매도세가 강해 하락하며 시가보다 낮은 가격에 종가를 형성하는 형태입니다. 역망치형은 장중 고가까지 갔지만, 하락하면서 시가보다 위에서 마감하는 형

태입니다. 도지형은 매도세와 매수세가 비등한 힘겨루기를 하루 동안 했다는 의미이기 때문에 상승 반전인 자리나 하락 반전의 자리에서 큰 의미를 크게 갖는 캔들입니다.

고점 부근이나 바닥권에서 유성형, 역망치형, 도지형이 발생하는지에 따라 상승 추세가 하락 추세로 반전될 수 있고, 하락 추세가 상승 추세로 반전될 수 있습니다.

고점 부근에서 발생한다면 하락 추세로 반전될 확률이 높기 때문에 투자에 유의해야 하며, 바닥권에서 발생한다면 바닥을 탈피하고 상승 추세로 반전될 수 있으니 주식을 매매하는 데 좋은 방법이 될 수 있습니다.

· 아랫꼬리 달린 양봉, 아랫꼬리 달린 음봉

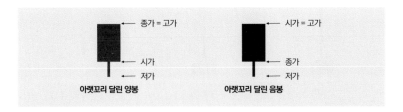

아랫꼬리 달린 양봉의 경우 장중 시가보다 아래로 떨어졌지만, 주가가 다시 치고 올라와 고가를 형성한 캔들입니다. 만약

주가가 하락하다가 해당 캔들이 발생했다면 상승 반전의 가능성이 큽니다. 아랫꼬리 달린 음봉의 경우, 주가가 여전히 하락세이지만, 바닥을 치고 올라갈 가능성이 있는 캔들입니다.

· 팽이형

| 해석 포인트 |

장중 시가보다 상승했다가 최저가를 찍고 다시 상승하는 경우 나타나는 캔들입니다. 팽이처럼 생겨서 팽이형이라고 합니다.

트레이더의 기본 – 캔들의 패턴

기술적 분석은 과거에 캔들의 형태에 따른 상승 반전 확률이 높았다거나 하락 반전이 많았다는 확률에 대한 접근성을 잊지 말고 미래의 주가 행보에 대해 예측하는 것입니다. 캔들 하나만으로 주가를 예측하는 것보다 앞뒤로 이어지는 여러 개의 캔들을 보고 시장을 판단하는 것이 좀 더 정확도가 높을 것입니다. 캔들을 공부하는 이유는 지금까지의 주가 추세가 반전될 것인지, 아니면 지속될 것인지를 알아보기 위함입니다.

캔들은 하루 동안의 주가를 시가, 고가, 저가, 종가의 4가지 가격 변동을 기준으로 해서 몸통과 꼬리의 형태로 차트에 나타나게 됩니다. 이러한 캔들이 2개 이상 연결되면 3가지의 기본 패턴으로 나뉠 수 있습니다.

첫째는 '상승 전환형 패턴'으로 매수세가 매도세를 이겨내면서 주가 상승 신호를, 둘째는 '하락 전환형 패턴'으로 매도세의 힘이 강해 주가 하락 신호를, 셋째는 '추세 지속형 패턴'으로 기존의 주가 추세를 이어나가는 신호 역할을 합니다.

상승 전환형 패턴

· 상승장악형

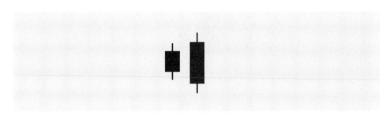

　전일 음봉을 당일 양봉이 완전히 감싸 안은 형태로, 강력한 매수 세력이 전일 매도 세력을 압도적으로 장악해 바닥권에서는 강력한 상승 반전 신호를 알리며, 거래량이 수반될수록 상승 확률이 더 높고 추세가 상승으로 전환될 때 자주 출현합니다.

· 관통형

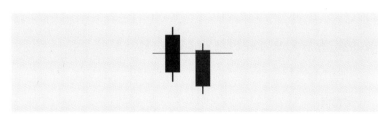

　전일 종가 밑에서 당일 시초가로 형성되고 이어서 음봉의 50% 이상을 당일 양봉으로 관통한 형대의 상승 반전형으로, 바닥권에서 출현하면 강력한 신규 매수세 유입을 말하기 때문에 매수 관점으로 접근이 유효합니다.

· 상승잉태형

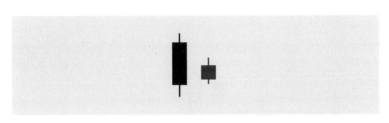

　기존의 장대음봉이 당일 짧은 양봉을 감싸고 있는 형태입니다. 차트에서 많이 보셨을 텐데, 이 또한 하락 추세에서 출현한다면 상승 추세로 반전될 가능성이 큽니다. 당일 양봉이 도지캔들로 나올 수도 있고, 이를 상승도지형이라고 부르는데 효과는 비슷합니다. 즉, 매도 물량을 충분히 소화하면서 강한 매수세를 의미합니다. 보통 바닥권에서 나타나며, 당일 갭으로 띄워서 시작하고, 몸통의 꼬리가 작을수록 상승 전환할 가능성이 더 큽니다. 단, 상승 반전이 나타나지 않는다면 기존의 하락 추세가 더욱 강화될 수 있으니 주의하셔야 합니다.

· 샛별형

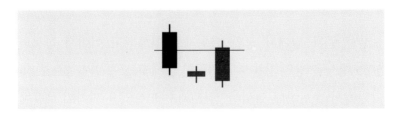

기존의 장대음봉, 다음 날 십자가 도지캔들, 그다음 날 장대양봉이 순차적으로 나오는 캔들 모형입니다. 하락 추세 다음 날 장대음봉과 거리를 두고 십자가 캔들이 출현하고, 다음 날 강한 양봉이 나타나 완성됩니다.

첫 번째 음봉, 두 번째 음봉이든, 양봉이든 도지 형태 캔들, 세 번째 양봉이 나오는데, 첫 번째 음봉 몸통의 반 이상을 가거나 몸통의 길이가 비슷하면 좋다고 합니다. 도지 캔들이나 역망치형 캔들도 종종 나타난다고 하고, 그 자리가 지지선의 역할을 할 가능성이 크다고 합니다.

· **적삼병**

양봉 3개가 연속적으로 발생한 형태로, 적삼병이라면 매수라는 말을 많이 들어보셨을 겁니다. 연속된 3개의 양봉으로, 시초가의 종가가 모든 이전 캔들 위에서 형성되는 형태입니다. 바닥권에서는 강력한 상승 추세를 알리지만, 고가권에서는 단기 고점을 알리는 신호로 해석됩니다.

· 상승반격형

　기존의 음봉의 종가가 당일 양봉의 종가와 거의 비슷하거나 같게 나타난 캔들 모형입니다. 긴 음봉이 나타난 후 크게 갭 하락했는데도 불구하고 긴 양봉이 따라붙어 종가가 같거나 비슷하게 형성됩니다.

　당일 매수세가 강해 크게 갭 하락해 시작했으나, 전날 종가까지 끌어올려 주었기에 상당한 신뢰도가 있다 할 것입니다. 다만, 추세 전환의 강도는 관통형에 비해 다소 약하다고 볼 수 있습니다.

하락 전환형 패턴

· 하락장악형

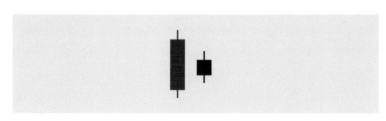

전일 양봉을 당일 음봉이 완전히 덮어버린 형태로, 전일의 매수세를 당일 매도세가 압도했음을 의미하며, 강력한 하락 반전 신호입니다. 음봉의 몸통이 길수록, 거래량이 수반될수록 신뢰도는 더 높아집니다.

· 흑운형

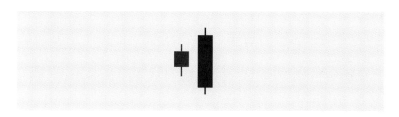

관통형과 반대되는 형태로, 시가는 전일 종가 위에서 형성되나 매도세에 의해 종가상 전일 양봉 몸통의 50%가 훼손되어 마감된 형태입니다. 신뢰도는 높지 않으나 하락 추세를 예고하는 패턴이기 때문에 주의할 필요가 있습니다.

· 하락잉태형

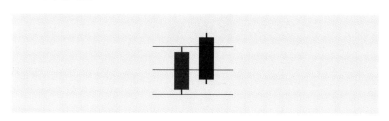

전일의 장대양봉 안에 몸통이 작은 음봉이 위치한 형태로, 전일에는 매수세가 강했으나 당일에는 시가부터 매도세가 출현했음을 의미합니다. 신뢰도는 매우 낮으나, 다음 날 갭 하락에 주의할 필요가 있습니다.

· 석별형

샛별형과 반대로 세 번째 음봉의 종가가 첫 번째 양봉의 50% 이하 부근에서 형성되는 형태입니다. 첫 번째 양봉에서 출현한 매수세가 실종되거나 차익 실현 매물 출현으로 하락을 예고합니다.

· 흑삼병

음봉 3개가 연속적으로 발생한 형태로, '흑삼병이면 매도'라

는 내용을 들어보셨을 겁니다. 하지만 고가권에서는 강력한 매도 신호, 바닥권에서는 거래량에 따라 추가 하락 또는 단기 반등이 오는 경우가 많습니다. 즉 흑삼병의 출현은 단기적인 추가 하락보다는 추세적 하락으로 대응하시는 게 좋습니다.

추세 지속형 패턴

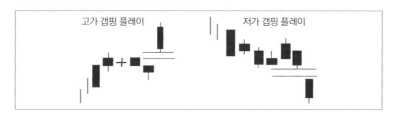

· **고가 갭핑 플레이**

상승지속형 패턴으로, 장대양봉 이후 그림과 같이 캔들 밀집 구역 형성 후 등락 폭이 작은 캔들의 밀집 지역에서 갭 상승으로 출발, 매물대를 갭 상승으로 돌파하는 추세로 나타납니다.

· **저가 갭핑 플레이**

저가 지속형 패턴으로 장대음봉 이후 그림과 같이 캔들 밀집 구역 형성 후 등락 폭이 작은 캔들의 밀집 지역에서 갭 하락으로 출발, 매물대를 갭 하락으로 시작, 하락 추세로 나타납니다.

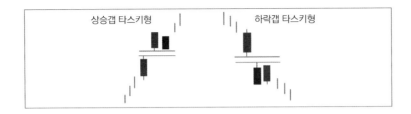

· 상승갭 타스키형

상승지속형 패턴으로 두 번째 캔들의 갭 상승으로 양봉, 세 번째 캔들은 음봉이 발생합니다. 갭 상승을 음봉이 메꾸지 못하는 상황으로 상승 추세는 지속됩니다. 3일째 음봉 시가는(두 번째) 캔들의 몸통 안에 있으며 종가는 몸통 아래 형성됩니다.

· 하락갭 타스키형

하락지속형 패턴으로 두 번째 캔들의 갭 하락으로 음봉, 세 번째 캔들은 양봉이 발생합니다. 갭 하락을 양봉이 메꾸지 못하는 상황으로 하락 추세는 지속됩니다. 3일째 양봉 시가는 직전(두 번째) 캔들의 몸통 안에 있으며 종가는 몸통 위에 형성됩니다.

·상승·하락 나란히형

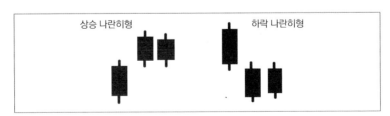

상승, 하락 나란히형은 시가가 비슷한 양봉이 나타납니다. 지속형 패턴으로 상승세나 하락세가 숨 고르기 상황으로, 나란히형은 캔들(봉) 길이보다는 갭 발생과 비슷한 시가가 핵심입니다.

· 그 외

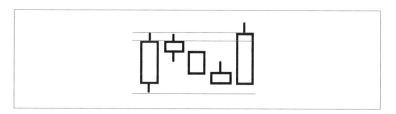

상승지속형 패턴으로 첫 번째 양봉 발생 이후 조정을 받고 재차 상승하는 패턴입니다. 조정 구간의 저점이 높을수록 좋으며 첫 번째 양봉의 저가를 이탈하지 않는 것을 원칙으로 합니다.

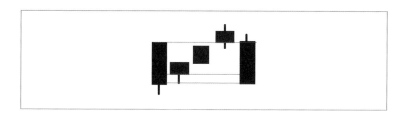

하락지속형 패턴으로 첫 번째 음봉 발생 이후 조정을 받으면 꽤 상승하지만, 결국 재차 하락하는 패턴입니다. 조정 기간 이후에 발생하는 음봉이 기준 음봉의 저가를 이탈하는 형태를 의미합니다.

주식 캔들의 윗꼬리와 아랫꼬리의 심리

　양봉이든. 음봉이든 윗꼬리가 길면 길수록 매도세가 강하다는 것을 의미합니다. 반대로 아랫꼬리가 길면 길수록 매수세가 강하다는 것을 의미합니다. 아랫꼬리와 윗꼬리의 길이가 비슷하다면 매도세와 매수세가 팽팽하다는 의미로 파악하면 됩니다. 음봉에 윗꼬리가 달렸다 해도 매도 신호가 아닐 수 있습니다.

　시가는 전날 종가 가격에서 시작하는 것이 아닙니다. 그렇기 때문에 전날 양봉 캔들일 경우, 오늘 시가가 갭 상승하고 장중 상승했다가 하락해서 윗꼬리가 만들어졌다 한들 전날 종가에 비해 오늘 종가가 윗 가격이면 매도 신호가 아니라고 생각합니다. 이런 캔들은 상승음봉이라고 하며 앞으로 상승할 힘이 있다고 판단합니다.

　저점에서 상승음봉은 매수하지만, 고점에서 상승음봉은 매수하지 않습니다. 보유 종목에서도 저점이나 박스권에서의 상승음봉은 홀딩하지만, 고점에서 상승음봉에서는 분할 매도하거나 모두 매도해 이익 실현을 하는 편이 좋습니다.

저점에서 장대양봉은 주가 바닥, 고점에서 장대음봉은 주가 상투

주가 바닥에서 장대양봉 발생

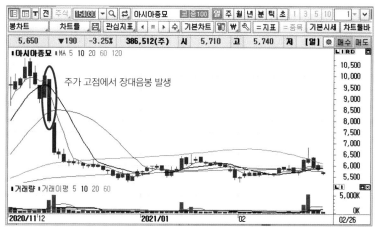

주가 고점에서 장대음봉 발생

장대양봉은 시가를 기점으로 큰 상승을 해 종가가 고가로 마
감하는 캔들의 모양입니다. 이런 경우는 단 하루 만에 큰 수익

을 얻을 수 있습니다. 장대양봉은 매수 세력의 엄청난 힘을 의미하며, 이후 더 상승할 여력이 있다고 예상됩니다. 반대로 장대음봉은 시가를 기점으로 큰 하락을 해 종가가 저가로 마감되는 캔들의 모양입니다.

장대음봉은 매도 세력의 엄청난 힘을 의미하며, 주가 하락을 예고합니다. 바닥에서의 장대양봉은 상승 추세를 예고하며 고가에서의 장대양봉은 하락 추세를 예고합니다. 그렇기 때문에 고가에서의 장대양봉일 때는 어느 정도 손실을 보더라도 손절을 하는 게 좋지 않을까 싶습니다. 손절 시점이 늦어지면 손실은 점점 커져 돈도 잃고, 그에 따른 기회비용도 잃을 수 있습니다.

고점에서 장대양봉을 보고 '큰 금액이 아니니까 물 타면서 오르겠지' 하는 마음으로 버티는데, 만약 주가가 내가 물 타고 더 내려가고 다시 물 타고 또 내려가게 된다면 투자금이 물을 타면서 더 커진 상황에서 추가 하락이 거듭될수록 손실액이 크게 늘어나게 됩니다. 이런 경우의 수로 비추어볼 때 주식은 역시 매수의 타이밍도 중요하지만, 매도 타이밍도 굉장히 중요하다는 교훈을 얻을 수 있습니다.

주식에서는 예외가 많습니다. 뭐든 단정 지을 수는 없으며 캔들 하나만 보고 '하락이다', '상승이다'라고 판단할 수는 없습니다.

윗꼬리 음봉은 다음 날 하락 예고

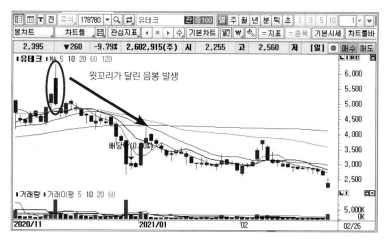

윗꼬리가 달린 음봉은 시초가를 지키지 못하는 동시에 장중
고점에서부터 매도세에 밀려 종가를 최저가 근처에서 마감한

경우입니다. 고가권에서 윗꼬리가 길고 몸통 길이가 긴 음봉은 강력한 매도 신호입니다.

유성형과 음봉 샅바형이 대표적인 케이스로, 열이면 아홉, 다음 날 하락 가능성이 매우 큽니다. 무엇보다 전일 종가를 지지하지 못했다는 사실 하나만으로도 실망 매물을 부르기 때문입니다. 고가권에서는 두말할 나위 없으며, 심지어 저가권에서도 추가 하락을 예고합니다.

봉의 몸통 길이가 길수록 신뢰도는 높습니다. 아랫꼬리와 윗꼬리가 연속해서 출현한다는 것은 매수·매도 세력의 치열한 공방전을 뜻합니다. 윗꼬리가 길다거나 장대음봉이라고 해서 다 무서운 것은 아닙니다. 저점에서 음봉은 속임수로 흔히 나타나며, 고점에서의 음봉 또한 추가 매집용으로도 종종 발생됩니다. 속임수 음봉에 대한 대응 문제는 거래량에서 답을 찾아야 합니다.

Chapter 03 | 주식의 정석, 이동평균선부터 파악하자

이동평균선은 주식 투자에서 거래량과 함께 기술적 분석의 핵심이라 할 수 있습니다. 이동평균선과 거래량, 이 2가지를 알면 기술적 분석의 80%는 습득했다고 볼 수 있습니다. 이동평균선을 이용해 현재 보유 중이거나 매수하고자 하는 종목에 대한 의사결정을 할 수 있고 현재 위치와 기울기, 각 선의 배열 상태, 그리고 주가와의 관계 등을 자세히 분석하면, 매수·매도의 적절한 시점을 판단할 수 있습니다.

이동평균선의 기본 개념

이동평균선이란, 차트상에 주식의 종가를 평균 내어 선으로 연결한 것을 말하며, 기술적 분석에서 가장 기본이 되는 지표입니다. 상당히 중요한 지표라 꼭 개념을 아셔야 합니다.

일봉 차트에서는 하루에 하나의 캔들(봉)이 만들어지는데, 그 캔들의 종가를 계산해 선으로 표시하며, 이런 선들이 매일 연결되어 이동평균선이 됩니다. 참고로 주봉 차트에서는 한 주간의 종가를, 월봉 차트에서는 한 달간의 종가를 계산해 연결됩니다.

· **이동평균선의 장점** : 주가의 방향성과 변곡점을 쉽게 파악할 수 있습니다.

· **이동평균선의 단점** : 이미 지난 과거 주가를 평균화해 만든 차트이므로 후행성 지표입니다. 흐름이 대부분 일정한 대형주에는 적용이 가능하나, 중소형 테마주에 적용하기에는 유용성이 떨어집니다.

이동평균선의 종류와 특징

· **5일 이동평균선** : 일주일간의 주가 평균(투자 심리선으로 최근 주가의 방향성을 파악하는 데 유용) – 한 주간의 거래일인 5일을 기준으로 형성되는데, 주가의 초단기 추세를 참고할 수 있어 단기 트레이더들이 많이 참조합니다. 기곡이 심한 편이라 '심리선'이라고도 합니다.

· **20일 이동평균선** : 한 달간의 주가 평균(단기 투자의 생명선이라고 하며 한 달간의 추세 파악에 유용) – 4주간, 즉 1개월간 주가의 단기추세를 참조할 수 있으며, 단기 투자자들과 트레이더들이 많이 참조합니다. 이동평균선 중 상당히 많은 투자자들이 참조하고 중요시하는 편이라 20일 이동평균선을 '생명선'이라고도 합니다.

· **60일 이동평균선** : 세 달간의 주가 평균(중기 투자의 수급선으로 대량 거래의 수급과 관련) – 3개월, 즉 1분기 동안 주가의 중기 추세를 참조할 수 있으며, 단기 투자자들과 중기 투자자들에게 중요한 지표입니다. 기관이나 외국인 투자자들도 많이 참고하는 편이라 '수급선'이라고도 합니다.

· **120일 이동평균선** : 여섯 달간의 주가 평균(장기선으로 기업 결

산과 실적 발표 등 경기 전망과 함께 움직임) – 6개월간의 중장기 추세를 참조할 수 있으며, 중장기 투자자들은 꼭 참조해야 합니다. 6개월의 기간이라면 경제 상황의 변동성도 반영되기에 '경기선'이라고도 합니다.

· **기타 이동평균선** : 투자자의 성향에 따라 3일선, 10일선, 33일선, 240일선 등을 추가해서 보기도 하는데, 지나치게 너무 많이 보는 것은 좋지 않습니다.

주식 차트 보는 방법 : 양봉캔들·음봉캔들, 이동평균선, 거래량

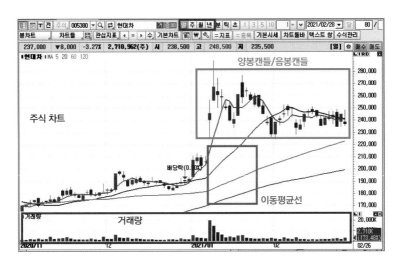

주식 차트를 보면 이동평균선과 양봉캔들, 음봉캔들, 거래량으로 현재의 주가 정보를 알 수 있습니다. 캔들 색깔만 보더라도

그날 주가가 하락했는지 상승했는지 알 수 있으며, 주가 차트에
는 일봉·주봉·월봉 그리고 연봉이 있는데, 일봉은 봉(캔들) 하
나가 하루의 주가 정보를 나타내고, 주봉은 봉(캔들) 하나가 한
주의 주가 정보를 나타내며, 월봉은 봉(캔들) 하나가 한 달의 주
가 정보를 나타냅니다. 연봉은 봉(캔들) 하나가 1년의 주가 정보
를 나타냄으로써 시장 흐름을 파악할 수 있습니다.

이동평균선으로 파악하는 추세 활용법

이동평균선이 만나는 시점에서 이해 관계가 맞아떨어지는 큰
손이나 기관들끼리는 서로 개입하지 않고 관망하며 개인 투자
자들을 털어내는 데 동참하는 경우가 허다하므로 전체적인 틀
에서 이동평균선을 파악해야 합니다.

· **상승 전환** : 하락하던 주가가 단기 이동평균선(5일 이동평균선)
을 상향돌파하면 매수로 봅니다. 주가가 단기 이동평균선(5
일선, 20일선)을 차례대로 돌파하고 단기 이동평균선(5일 이동
평균선)도 상승으로 돌아서면 적극 매수 관점입니다.

· **하락 전환** : 상승하던 주가가 단기 이동평균선(5일 이동평균선)
을 하향돌파하면 매도로 봅니다. 주가가 단기 이동평균선(5

일선, 20일선)을 차례로 돌파하고 단기 이동평균선(5일 이동평균선)도 하락으로 전환되면 적극 매도 관점입니다.

주가가 상승 추세일 때 이동평균선을 활용하는 방법에 대해 알아보겠습니다.

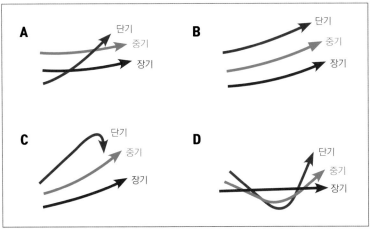

상승 추세 시

· A는 단기 이동평균선이 중기·장기 이동평균선을 상향돌파하는 모습이며, 이런 형태는 매수 관점으로 대응할 수 있습니다.

· B는 단기 중기·장기 이동평균선이 나란히 배열되어 상승하는 패턴입니다. 이런 형태는 강한 상승세의 패턴으로 적극 매수 관점 또는 물량을 보유 홀딩 전략입니다.

- C는 중기·장기 이동평균선은 우상향 중이나 단기 이동평균선이 꺾이는 모습입니다. 이런 패턴에서는 관망하며 매수에 주의하셔야 합니다.

- D는 적극적인 매수 관점보다는 관망하는 자세가 필요합니다.

주가가 하락 추세일 때 이동평균선을 활용하는 방법에 대해 알아보겠습니다.

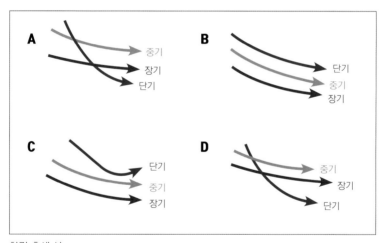

하락 추세 시

- A는 단기 이동평균선이 중기 이동평균선, 장기 이동평균선을 차례대로 하향이탈하는 모습을 보이고 있습니다. 이런 패턴에서는 적극적인 매도 관점입니다.

· B는 단기 이동평균선, 중기 이동평균선, 장기 이동평균선이 나란히 하락하는 패턴입니다. 이런 모습에서는 약세장으로 판단하고 매수 보류입니다.

· C는 단기 이동평균선, 중기 이동평균선, 장기 이동평균선이 나란히 하락하는 패턴입니다. 하지만 단기 이동평균선이 우상향으로 돌아서는 모습을 보이고 있습니다. 이런 패턴에서는 주가 바닥권으로 판단하고 거래량을 파악해가며 매수 관점으로 주시하시기 바랍니다.

· D는 단기 이동평균선이 중기 이동평균선과 장기 이동평균선을 이탈하며 하락하는 모습입니다. 이런 패턴에서는 하락 반전 신호로 보유 물량을 매도하거나 매수 보류입니다.

골든크로스 정배열과 데드크로스 역배열

일반적으로 이동평균선은 5일, 20일, 60일, 120일을 사용합니다. 이 4개 중 5일 이동평균선, 20일 이동평균선을 단기 이동평균선이라 하고 60일, 120일 이동평균선을 장기 이동평균선이라고 합니다.

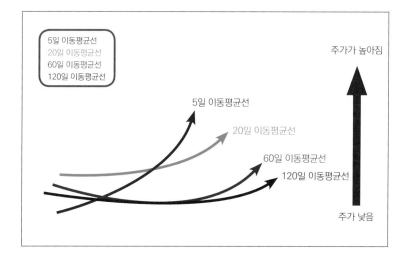

정배열은 5일 → 20일 → 60일 → 120일순으로 단기 이동평균선(5일, 20일)이 장기 이동평균선(60일, 120일) 위에 배열된 상태를 말하고, 주가가 상승하는 추세에 나타나는 배열입니다.

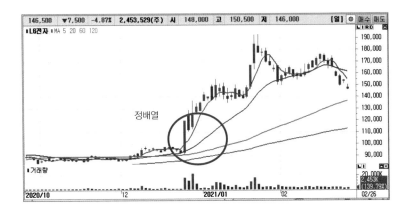

　　다음 차트로 주가가 이동평균선에서 정배열 패턴인 것을 찾을 수 있습니다. 5일선 → 20일선 → 60일선 → 120일순으로 이동평균선이 배열되어 있는 것을 알 수 있습니다. 이것을 이동평균선의 정배열이라고 합니다. 정배열은 주가가 꾸준히 오르고 있다는 것을 의미합니다.

　　역배열은 120일선 → 60일선 → 20일선 → 5일선 → 현재 주가 이동평균선순으로 배열된 상태로, 주가가 상승하기 어려운 상황을 나타냅니다.

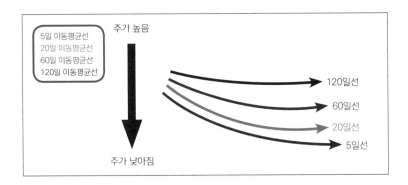

다음 차트 그림처럼 주가가 하락 추세로 조정을 받을 때의 모습입니다.

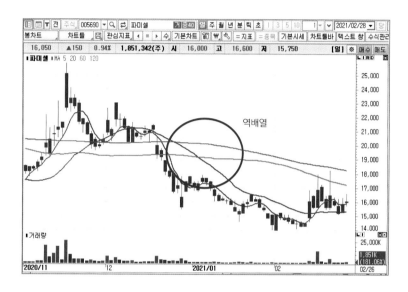

차트를 보면 120일 → 60일 → 20일 → 5일 이동평균선순으로 나열되어 있는 것을 알 수 있습니다. 이것을 이동평균선이 역배열되었다고 말합니다. 역배열이 된 시점을 자세히 보면 주가가 고점을 찍고 난 후 기간 조정, 가격 조정을 보이면서 우하향으로 바뀔 때, 단기 이동평균선 5일, 20일선이 장기 이동평균선 60일, 120일 이동평균선을 밑으로 하향돌파하는 패턴을 보여줍니다.

주가와 이동평균선의 이격도

이격도란 현재 주가와 이동평균선과의 거리를 %로 나타낸 것입니다. 공식으로 나타내면 '(주가/n일 이동평균지수)× 100'입니다. 하지만 머리 아프게 공식을 외우거나, 이격도 지수를 볼 필요는 없습니다. 실전 투자에서는 이러한 내용을 외우기보다는 개념과 정의만 제대로 이해하고 적용하는 게 좋습니다. 이격도는 차트에서 육안으로도 쉽게 확인할 수 있기 때문에, 굳이 HTS에서 세팅하지 않아도 됩니다.

주식 이격도의 핵심 개념은 '주가는 이동평균선을 기준으로 움직인다는 것!'입니다. 주가는 변동성이 크든, 작든 이동평균선에 수렴하면서 움직인다는 말인데, 이를 잘 이해하면 됩니다.

이격도 매매의 기술

이동평균선의 격차

    다음 차트의 빨간색 박스를 보시면, 주가는 5일 이동평균선 위로 상승했다가 다시 맞물리는 것을 확인할 수 있습니다. 이처럼 주식 이격도는 주가가 이동평균선보다 멀리 떨어지더라도 다시 이동평균선에 수렴한다는 핵심 개념을 전제로 주가 흐름을 판단하는 것입니다.

다가서면 멀어지고 멀어지면 다가서고

다음 차트를 보면 주가가 단기 이동평균선을 붕괴시키면서 이격이 크게 나타나는 것을 볼 수 있습니다. 이격도의 특성상 주가가 이동평균선으로부터 멀어지면 언젠가는 다시 이동평균선으로 되돌아가려는 특성(회귀성)을 이용한 지표로, 주가가 이동평균선 대비 어느 수준에 있는지(얼마만큼 떨어졌는지 가깝게 있는지) 쉽게 비교할 수 있습니다.

이격도는 이동평균선과 주가와의 괴리를 잘 표현해줍니다. 이격도가 110%라는 것은 현재 주가가 20일 이동평균선보다 10% 높게 상승했다는 것을 의미합니다. 이격도는 보통 20일선, 60일선이 사용됩니다.

〈상승 국면일 경우〉

· 20일 이동평균선일 경우에 106% 이상이면 : 매도 시점

98% 수준이면 : 매수 시점

· 60일 이동평균선일 경우에 110% 이상이면 : 매도 시점

98% 수준이면 : 매수 시점

〈하락 국면일 경우〉

· 20일 이동평균선일 경우에 102% 이상이면 : 매도 시점

92% 수준이면 : 매수 시점

· 60일 이동평균선일 경우에 104% 이상이면 : 매도 시점

88% 수준이면 : 매수 시점

이동평균선의 지지와 저항

　이동평균선은 수많은 투자자들이 보는 기본 지표입니다. 이 선 안에는 많은 투자자들의 심리가 내포되어 움직임을 보여주고 있습니다. 추세가 상승이라면 지지선으로, 추세가 하락이라면 저항선으로 작용합니다.

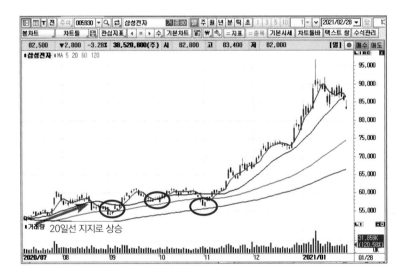

　다음 차트 그림을 보면 20일선을 지지로 상승하던 주가는 일시적으로 20일선을 이탈했지만, 60일선 이동평균선에서 지지선으로 작용한 것을 확인할 수 있습니다. 이후 상승하던 주가가 5일선, 20일선, 60일선이 차례로 붕괴되었지만, 120일선이 주가

하락에 지지선으로 작용하면서 주가는 다시 5일선 위로 회귀하고 상승 추세가 유지되는 것을 볼 수 있습니다.

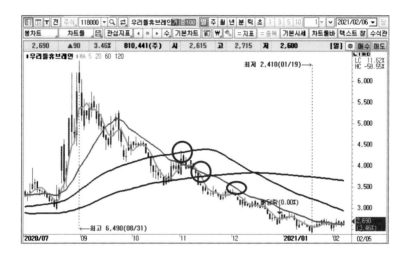

다음 차트 그림은 하락 추세로, 20일선이 강한 저항선으로 작용하며 하락한 경우입니다. 주가가 급등한 후 조정을 걸치면서 이후 60일선 이동평균선을 올라가려 노력했지만 실패해 주가는 20일선을 저항으로 세 달 동안 추세적으로 하락이 이어졌습니다. 이처럼 이동평균선은 상승 추세에서는 지지선으로, 하락 추세선에서는 저항선 역할을 합니다.

이동평균선 수렴 종목 중 5일선 변곡점을 체크하라

수렴이란 5일선, 20일선, 60일선, 120일선 이동평균선이 한곳으로 모이는 것을 말합니다. 그 시점에서 주가의 향방이 결정될수 있는데, 단기 이동평균선이 위로 올라가는 형태면 주가는 상승할 가능성이 크며, 반대라면 하락할 가능성이 크다고 볼 수 있습니다. 수렴은 에너지를 응집하고 있다는 것으로, 이동평균선의 수렴구간 정도에 따라 발산 크기가 틀립니다.

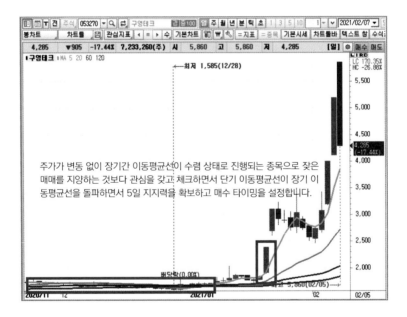

5일선은 생명선, 20일선은 세력선이다

　20일선은 미동도 없이 자신의 위치를 고수하고, 5일선이 파동을 그리는 과정에서도 저점을 깨지 않고 20일선을 넘나드는 파동으로 오르락내리락할 뿐입니다. 20일선을 사이에 두고 매집의 막바지 구간으로 세력선을 붕괴하지 않고 물량을 매집하는 전략입니다. 5일선을 이용해 흔들기만 진행할 뿐 개인 투자가들의 물량을 털게 만드는 전략으로 파악해야 합니다.

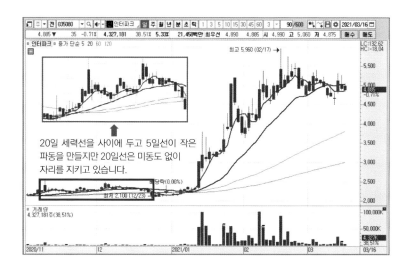

20일 세력선을 사이에 두고 5일선이 작은
파동을 만들지만 20일선은 미동도 없이
자리를 지키고 있습니다.

그랜빌의 법칙 : 매수 및 매도 8법칙

그랜빌 8법칙 개념

그랜빌(Granville)의 8법칙은 그랜빌이 고안해낸 투자 전략으로, '관성의 법칙'과 '회귀현상'을 근거로 주가와 이동평균선의 위치를 활용해 매매 시점을 포착하는 방법입니다. 보통 단기 관점에서는 5일선과 20일선을 활용하고, 중기 관점에서는 60일선과 120일선, 200일선을 활용해 매수와 매도 신호를 제시하고 있습니다.

그랜빌 매수 신호 4가지

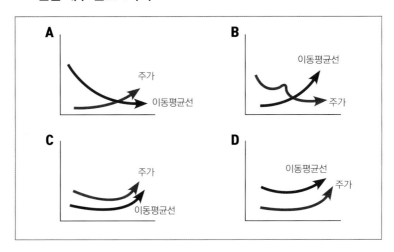

· A : 이동평균선이 하락세에서 벗어나 횡보하는 상황에서 주

가가 이동평균선을 상향돌파할 때, 하락하던 이동평균선
의 횡보는 최근 주가가 반등한다는 의미입니다.

· B : 주가가 상승세인 이동평균선을 하향돌파할 때, 반락장
세에서의 매수 신호입니다. 평균선의 하향돌파는 반락이
마무리 단계에 이르렀다는 의미이므로, 매수 신호로 받
아들입니다.

· C : 이동평균선을 향해 하락하던 주가가 하향돌파를 하지 않
고 다시 오르는 때, 주가는 하락하고 있으나 평균선이 주
가 하락을 지켜주는 지지선 역할을 하고 있다는 이야기
입니다. 따라서 주가가 이동평균선에 접근할 때가 매수
신호가 됩니다.

· D : 이동평균선보다 낮은 주가가 급속히 하락한 후 평균선으
로 접근할 때, 이동평균선에서 멀어졌던 주가가 다시 이
동평균선으로 다가서고 있다는 이야기입니다. 이동평균
선과 주가와의 거리가 멀어질수록 평균선으로 접근할 가
능성이 큽니다. 주가가 평균선으로 회귀하는 성향을 이
용한 매수 신호입니다.

그랜빌 매도 신호 4가지

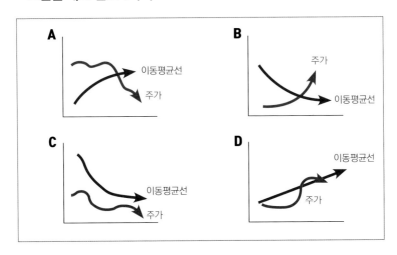

- A : 이동평균선이 상승한 후 제자리걸음에서 하락으로 전환하고 주가가 위에서 아래로 평균선을 뚫고 지나가면 중요한 매도 신호입니다.

- B : 이동평균선이 하강하고 있는데 주가가 평균선을 아래에서 위로 상향돌파해 상승했을 때는 매도 신호입니다.

- C : 매도 신호 주가가 이동평균선보다 밑쪽에서 이동평균선을 향해 상승했으나, 평균선까지는 미치지 못하고 그 직전에서 다시 하락으로 전환되었을 때는 매도 신호입니다.

·D : 이동평균선이 상승하고 있는 경우라도 주가가 평균선으
　　로부터 크게 동떨어진 경우는 평균선을 향해 자율반락할
　　가능성이 있으므로 매도 신호입니다.

　그랜빌의 투자 전략은 고전적인 방법이기 때문에 100% 신뢰
할 수는 없습니다. 이러한 투자 전략이 있다는 것을 알고 여러
가지 투자 전략과 함께 병행 분석한다면 더 좋은 전략이 만들
어질 것입니다.

야, 너도 주식 투자 할 수 있어! - 추세와 패턴으로 매매 시점 찾기

추세와 패턴을 응용하게 되면 장기적으로 상승, 하락 추세대를 벗어난 것인지, 아닌지에 따라서 안정적으로 종목을 매수할 수 있는지를 확인할 수 있으며 상승, 하락 추세대를 통과한 시점에서 매수·매도 시점을 파악하게 될 수 있습니다.

추세 분석의 의미

주가는 일정 기간 같은 방향으로 움직이려는 경향이 있습니다. 주가의 움직임은 고점과 저점을 형성하게 되는데, 이를 연결한 선을 의미합니다. 상승하는 방향으로 작도하는 상승 추세선, 하락하는 방향으로 작도하는 하락 추세선, 같은 가격을 잇게 됨으로써 추세 없이 특정 가격을 보여주는 횡보 추세선을 들 수 있습니다.

상승 추세선

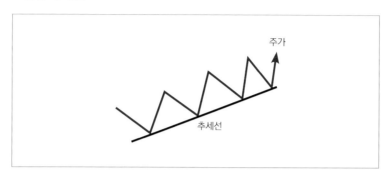

저점을 점점 높여가며 상승하는 주가의 저점을 선으로 연결하면, 상승 추세선이 됩니다. 우상향으로 상승하면서 주가가 조정을 받기도 하지만, 추세선이 지지선이 되어 주가 상승을 받쳐주고 상승 추세를 유지하게 됩니다. 상승 추세선에 닿았다가 재상승할 때가 추가 매수 포인트가 됩니다.

단계별로 추세선의 기울기가 가파를수록 강한 상승이 예상되고, 완만해질수록 상승에너지가 약해집니다. 이동평균선이 정배열되고 현 주가와 이동평균선과의 간격이 클 때, 대량 거래량이 수반된 변곡점(도지형, 망치형)에서 음봉도지형이나 음봉망치형이 많으면 하락할 가능성이 커집니다.

이동평균선이 역배열되고 대량 거래량이 수반된 변곡점(도지형, 망치형)이 발생한다면 매수 세력이 들어왔다고 판단하며 단기 이동평균선이 장기 이동평균선을 골든크로스 하면서 상승할 가능성이 큰 패턴입니다.

하락 추세선

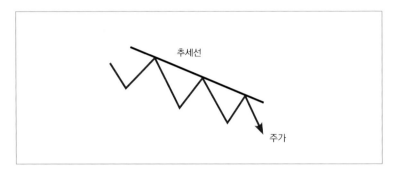

주가는 고점을 점점 낮추어가며 하락하는 주가의 고점을 선으로 연결하면, 하락 추세선이 됩니다. 우하향으로 하락하면서 주가가 반등을 시도하지만, 추세선이 저항선이 되어 주가 상승을 가로막고 하락 추세를 이어가게 됩니다.

단계별로 추세선의 기울기가 가파를수록 강한 하락이 예상되고 완만해질수록 하락 에너지가 약해집니다. 단기 이동평균선이 장기 이동평균선을 데드크로스 하면서 시작됩니다. 데드크로스가 발생하기 전 대량 거래량이 수반된 변곡점(도지형, 망치형)에서 음봉도지형이나 음봉망치형이 많으면 하락할 가능성이 커집니다.

횡보 추세선

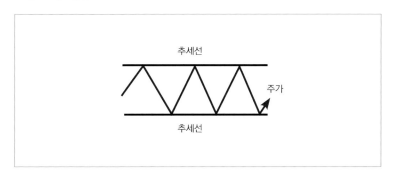

고점을 연결한 추세선을 저항선으로 하고, 저점을 연결한 추세선을 지지선으로 해서 그사이에 주가가 갇힌 형태로, 등락을 반복하며 횡보하는 모습입니다. 상자 속에 갇힌 모습과 같다고 해서 박스권 횡보를 한다고 합니다. 상승 추세나 하락 추세에서 횡보추세선으로 전환되면 중요한 변곡 지점이 됩니다.

추세선 긋기

추세선은 시가와 종가가 아니라 고가와 저가를 연결해 그립니다. 즉 상승 추세선은 상승 추세에 있는 주가의 저가를 연결하고, 하락 추세선은 하락 추세에 있는 주가의 고가를 연결해서 그리며, 횡보추세선은 횡보 구간 주가의 고가와 고가, 저가와 저가를 각각 직선으로 연결해 그립니다. 추세 구간 중 일시적으로 급등과 급락으로 형성된 고점과 저점 때문에 추세선을 그리기가 애매한 경우에는 전체적인 추세를 기준으로 판단해 추세선을 그립니다.

상승 추세선 긋기

다음 차트는 LG화학 일봉 차트입니다. 주가가 바닥권에서 저점을 높이며 조금씩 상승해나가는 모습입니다. 조정을 받던 주가는 A지역에서부터 양봉을 그리며 반등에 성공한 모습으로, B지역에 눌림이 나왔지만 이전 고점인 D 지역을 돌파하며 지지가 유지되는 자리로 강한 상승을 유지했습니다.

A지역과 B지역을 연결해 추세선을 긋는다면 다음 눌림의 C 지역을 예측할 수 있으며, 매수 타이밍을 가늠할 수 있습니다. 추세선이 또 하나의 보조적인 판단 근거가 되는 것입니다.

하락 추세선 긋기

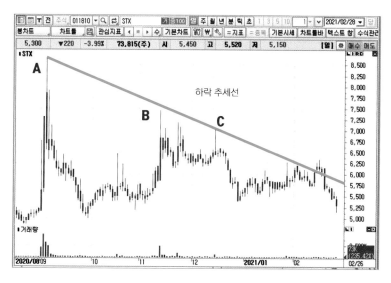

다음 차트는 STX 일봉 차트입니다. 하락하는 주가의 고점들을 연결해 하락 추세선을 그립니다. A 지역을 고점으로 B지역을 연결해 선을 그어보면 C지역의 반등 시 저항이 형성되는 것을 예측할 수 있습니다. 하락 추세대에 놓여 있는 종목으로 추세대를 돌파하기 전까지는 매매 타이밍의 보조적인 판단 근거가 됩니다.

횡보 추세선 긋기

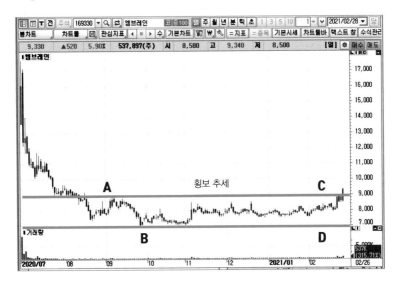

다음 차트는 엠브레인 일봉 차트입니다. 횡보 추세선을 그릴 때는 고점 부분인 A지역과 저점 부분인 B지역을 수평으로 선을 그을 수 있습니다. 급락 후 저점 부분에서 횡보를 유지하고 있는 형태를 보여주고 있지만, C지역의 고점 부근을 돌파하는 시점 또는 D부분의 저점 부근을 붕괴하는 시점에서는 큰 시세가 예측되는 횡보 구간으로서 매매 타이밍을 예측할 수 있고 보조적인 판단의 근거가 됩니다.

상승 추세에서

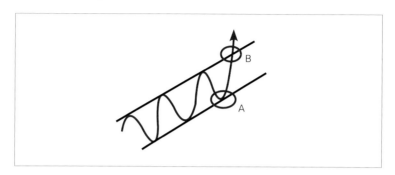

상승 지지선 A 지점과 상승 저항선을 돌파하는 B 지점이 매수 시점입니다.

하락 추세에서

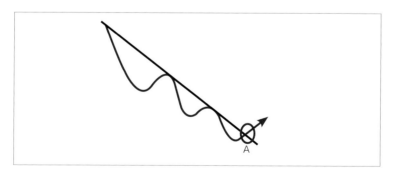

하락 추세선의 A 지점을 상향돌파하는 구간이 매수 시점입니다.

횡보 추세에서

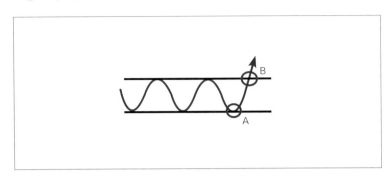

횡보 구간에서 A지점과 B지점에서 횡보 구간을 상향돌파하는 B지점이 매수 시점입니다.

삼각수렴 추세에서

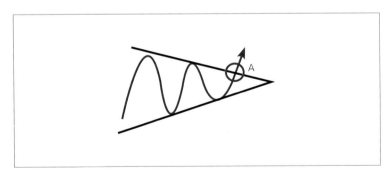

주가가 삼각형 패턴으로 수렴하는 구간으로 고점 추세선을 상향돌파하는 A지점이 매수 시점입니다.

추세선을 이용한 기본 매도 신호 4가지 유형

하락 추세에서

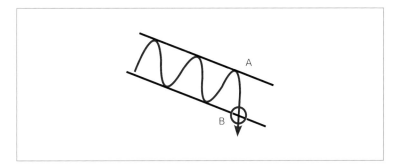

고점 저항선인 A지점과 지지선이 무너지는 B지점이 매도 시점입니다.

상승 추세에서

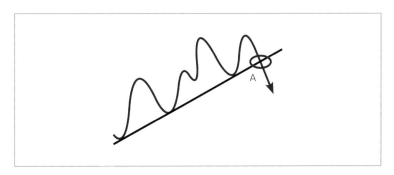

상승 추세선의 저점 지지선 A지점을 이탈하는 구간이 매도 시점입니다.

횡보 추세에서

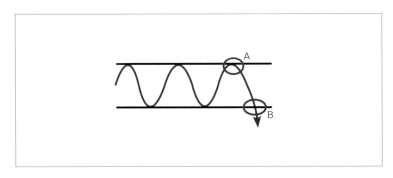

박스권 횡보 구간인 A지점과 박스권을 하향이탈하는 B지점
이 매도 시점입니다.

삼각수렴에서

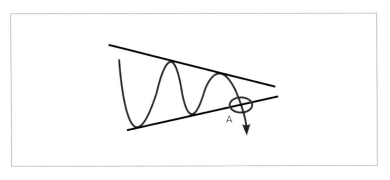

주가가 삼각형 모양의 수렴에서 저점 추세선을 이탈하는 A 지
점이 매도 시점입니다.

추세 전환 시점이 매매 시점이다

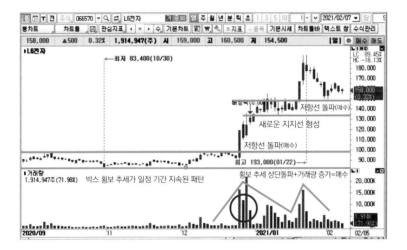

횡보 추세에서 바닥권 지지를 확인한 후 거래량 증가와 함께
바닥권 상향돌파 시도를 체크하면서 거래량의 증가를 보며 매
수 타이밍을 잡아보아야 합니다.

주가는 지지선을 확인해야 상승할 수 있고, 저항선을 돌파해
야 주가 상승이 지속해서 유지됩니다. 횡보 추세선을 그어보면
어느 가격대에서 지지를 받고, 어느 가격대에서 저항이 형성되
고 있는지 확인할 수 있습니다.

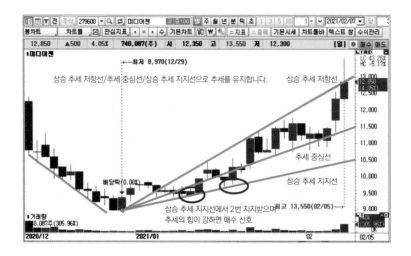

주가가 상승 시 일시적으로 저항선과 지지선 역할을 동시에 수행하는 추세 중심선입니다. 추세 중심선을 이용해 반등 시점과 지지 시점을 예측할 수 있기 때문에 스윙이나 데이 트레이딩 매매자들에게는 매매 시점을 노릴 때 많은 도움이 될 것입니다.

매집 대량 거래를 동반한 추세 전환 매수 급소

하락 추세로 이어지다가 상승 추세로 반전하기 위해서는 하락 추세의 저점을 이탈해서는 안 됩니다. 대량 거래가 늘어나면서 하락 추세선을 지지대로 형성하며 상승 추세 기회가 만들어지는 것입니다.

인기 테마주라도 지지선이 깨지면 버려라

일반적으로 주가는 상투를 만들고 하락하는 주식의 반등은 짧은 반등일 뿐 주가는 단계적으로 하락을 유지합니다. 반등은 일시적으로 지지선을 유지하는 것처럼 보일 뿐 개인 투자자들을 유혹하며 물량을 털어내는 과정으로 판단하면 됩니다.

추세 매매의 핵심

V자형 반등 패턴

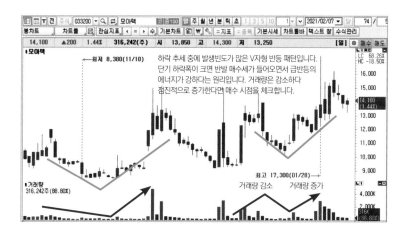

계좌를 지키는 전략 - 보조 지표를 활용하라

주식 시장의 기술적 측면의 보조 지표는 차트 분석에서 유용하게 사용할 수 있는 공식입니다. 오랜 세월 주식 시장의 움직임의 등락에 따른 이해와 미래를 예측할 수 있는 수학적 수식을 바탕으로 만들어졌습니다.

주가의 변화를 통해 현재 주가의 강도는 물론, 상승할 것인지 하락할 것인지 방향을 확인할 수 있는 지표라고 할 수 있습니다. 또한 매매 결정의 시각적 제시 및 추세 방향성을 객관적으로 보여주는 후행성 지표입니다. 보조 지표의 종류마다 중요성이 강조되면서 후행성 측면에서 완전한 움직임의 예상은 그 어떤 지표도 불가능했고, 앞으로도 없을 것입니다.

차트의 지표적 측면에서 거래량과 캔들 모양을 참조한다면 더욱 신뢰할 수 있는 투자 지표가 될 수 있습니다.

대표적인 거래량 지표 OBV

OBV는 'On Balance Volume'의 약자로, 거래량으로 주가의 추세를 파악하는 데 사용됩니다. OBV는 주가가 전일에 비해 상승했을 때의 주식 거래량 누계를, 하락했을 때의 주식 거래량 누계로 뺀 것을 다시 누계로 나타낸 것입니다. 다시 말하면, 주가 상승일에는 거래량을 더하고, 주가 하락일에는 거래량을 뺀 것을 누계로 표시한 것입니다.

주식 투자에서 거래량은 중요합니다. 거래량을 보면 주가의 움직임을 알 수 있을 만큼, 거래량과 주식의 가격은 가장 큰 연관성을 지니고 있는 동시에, 거래량은 주가보다 선행이 강하다고 평가합니다.

또한 기술적 분석에서는 세력들이 언제든지 주가를 조정해 개인 투자자들을 속일 수 있지만, 거래량만큼은 속일 수 없다는 특징을 갖고 있습니다. OBV는 기준일을 0으로 해서 거래량 누계치를 나타내며, 매수세가 강한지 또는 매도세가 강한지를 나타냅니다.

OBV의 한계점

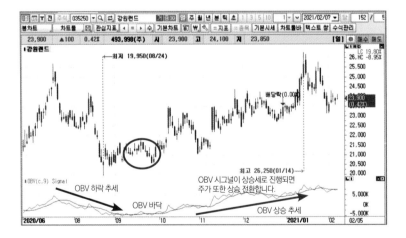

대표적인 이동평균선 지표 MACD

주가의 단기 이동평균선과 장기 이동평균선의 수렴과 확산을 나타내는 지표입니다. 단기 이동평균선과 장기 이동평균선의 차이가 가장 큰 시점을 찾아내 추세 변화의 신호로 삼는 지표입니다.

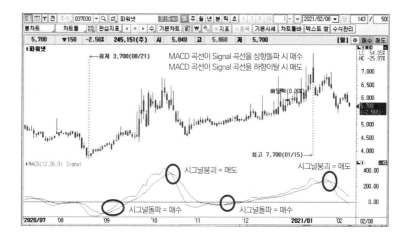

MACD는 MACD 선과 Signal 선으로 구성되어 있습니다. 다음 차트에서 주황색이 MACD 선이며, 파란색이 Signal 선입니다. MACD 선은 단기 이동평균선과 장기 이동평균선의 차이로 구해지며, 일반적으로 단기 이동평균선은 12일, 장기 이동평균선은 26일이 사용됩니다.

단기 이동평균선이 장기 이동평균선보다 위쪽에 위치하면 MACD선은 매수가 되며, 주가 상승 신호로 상승 추세 시작을 표시합니다.

이동평균선과 MACD 추세선을 활용하라

이동평균선에서 골든크로스를 만들 때, MACD에서 MACD 선이 Signal 선 위로 돌파할 때 주가가 상승 반전할 가능성이 있습니다.

시세의 강약을 분석하는 VR

VR은 OBV 지표와 상호 보완적 역할을 하는 거래량 지표로서 현재의 시장 상황이 과열인지, 아니면 침체인지를 판단하는 데 유용합니다.

OBV는 기준일을 어느 날로 정하느냐에 따라 수치의 차이가 발생하며 개개의 국면을 분석하기에는 용이하더라도, 절대 수치 자체로서는 시세를 판단하거나 과거와 비교하는 것이 불가능하다는 단점이 있습니다. 이러한 결점을 보완하기 위해 누적 차수가 아닌 일정 기간 동안의 주가 상승일의 거래량을 하락일의 거래량과 비교함으로써 시세의 강약을 분석하고자 하는 것이 VR입니다.

VR이 100%라 함은 일정 기간 동안 주가 상승 시의 거래량이 주가 하락 시의 거래량과 동일하다는 것을 의미합니다. 일반적으로 주가가 상승하는 날의 거래량이 하락하는 날의 거래량에 비해 다소 많기 때문에 평상시의 VR은 150% 정도를 나타냅니다. 그러나 강세장에서는 주가 상승 시의 거래량이 하락 시의 거래량보다 많아 3배 이상을 기록하는 것이 보통입니다. 경험적으로 볼 때 VR이 450% 이상이면 과열로 판단 매도에 나설 수 있으며, 75% 이하이면 바닥권으로 보고 매수 준비에 임할 수 있습니다.

스토캐스틱으로 신뢰도를 높여라

시장 가격 움직임의 특성을 가장 잘 나타내는 기술적 지표로, 백분율 %K와 %D를 이용해 가격 변동을 예측합니다. 일반적으로, 가격이 상승 추세에 있으면 매일매일의 종가가 최근에 형성된 최고가와 최저가 중에서 최고가 부근에 형성되는 경우가 많고, 가격이 하락 추세에 있으면 매일매일의 종가가 최근에 형성된 최고가와 최저가 중에서 최저가 부근에 형성되는 경우가 많습니다. 따라서 종가가 가격 변동 폭의 최고가 부근에서 형성되면 상승 추세에 있다고 볼 수 있고, 종가가 변동 폭의 최저가 부근에서 형성되고 있다면 하락 추세에 있다고 볼 수 있습니다.

이러한 시장 원리에 따라 최근 시장 가격 변동 폭과 당일 형성되는 종가와의 관계를 나타내는 %K선 및 %D선(%K를 3일로 이동 평균한 값)을 이용해 가격 변동을 예측하려는 것이 스토캐스틱(Stochastics) 기법입니다.

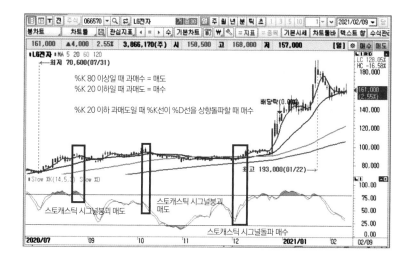

Slow, Fast 스토캐스틱 활용하기

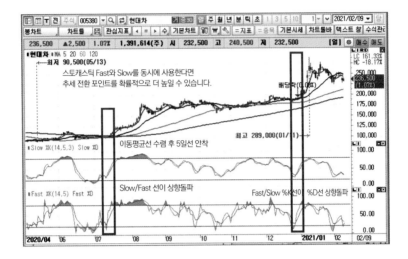

스토캐스틱은 주가의 탄력성을 나타내는 대표적인 지표로서 과매수 상태인지, 과매도 상태인지를 나타냅니다. 보통 스토캐스틱 Slow를 많이 사용하지만, 스토캐스틱 Fast도 함께 사용한다면 그만큼 신뢰도는 높아질 것입니다.

모멘텀 지표로 사용하는 소나 지표

주가 사이클의 전환점을 파악하기 위해 개발된 시계열 차트입니다. 모멘텀이란 기하학적으로는 곡선 위의 한 점의 기울기를, 경제학적으로는 한계변화율을 의미합니다. 따라서 소나(SONAR) 모멘텀은 기울기의 변화를 통해 주가의 상승·하락의 강도를 사전에 알 수 있게 해줍니다.

즉 주가가 상승하더라도 기울기가 둔화되면 향후 주가는 하락할 가능성이 커지며, 반대로 주가가 하락하더라도 기울기가 상승하면 주가는 상승할 가능성이 크다는 것입니다.

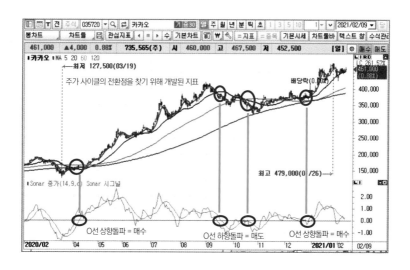

시점에서의 주가의 기울기 또는 한계변화율로 정의되며, 따라서 소나 모멘텀의 급격한 증가는 주가의 가파른 상승을 의미하며 하락은 주가 하락을 뜻합니다. 또한, 소나 모멘텀의 상승세가 둔화된다는 것은 주가의 상승세가 둔화되어 조만간에 주가의 전환이 임박할 가능성이 크다는 것을 의미합니다.

모멘텀과 펀더멘털 기본 개념

모멘텀이란?

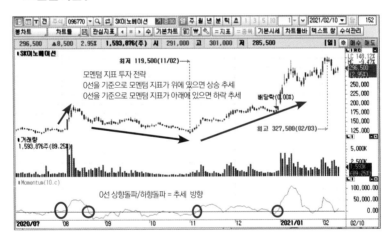

주가의 추세 방향과 속도를 나타내주어서 매수와 매도 시점은 물론, 추세의 방향까지 알려주는 지표입니다. 사전적 의미로는 탄력, 가속도, 다른 방향이나 상태로 바뀌는 순간을 의미합니다.

현재 기간과 일정 기간의 주가를 비교해 추세의 강함과 방향을 비교해볼 수 있습니다. 모멘텀 지표의 방향이 전환되는 시점부터는 추세가 약해지면서 전환되기 전에 알려주기 때문에 선행 지표로서 실제 투자에서 매우 큰 강점입니다. 또한 전체적인 상승세와 하락세를 보여주는 유용한 지표입니다.

펀더멘털이란?

펀더멘털의 사전적인 의미는 '기본적인', '근본적인', '핵심적인'이라는 의미로, 경제학 관점에서 펀더멘털은 경제 상태를 나타내는 여러 가지 형태의 지표, 즉 기초 경제 여건을 의미합니다.

주식에서 펀더멘털은 특정 기업과 산업군에서의 지표들을 말합니다. 특정 기업이 가지고 있는 가치, 즉 매출과 순이익, 재무 건전성 등과 같은 재무제표 지표들과 환율, 금리, 유가, 경제 성장률, 물가 상승률, 재정 및 경상수지, 외환 보유액 등과 같은 거시경제 지표 등을 말합니다. 그러므로 펀더멘털을 활용한 투자의 경우 일시적인 이슈만을 보고 투자하는 것이 아니라 장기적인 관점에서 성장성과 수익성을 보고 투자합니다.

RSI(추세강도지수) 보조 지표

　가격의 추세 전환을 포착하고자 하는 기술적 분석에서 가장 어려운 것은 언제 추세가 전환되는지를 정확히 예측하는 것입니다. 즉 현재의 추세 강도를 객관적으로 나타내는 지표가 있다면 과도한 상승 추세 시 매입을 자제할 수 있을 뿐 아니라, 오히려 매도에 나설 수 있을 것입니다. 반대로 과도한 하락 추세 시에는 매도를 자제하고 매수에 나설 수 있는 등 매우 유용하게 사용될 수 있을 것입니다. 바로 이러한 문제를 해결하기 위해 RSI가 개발되었습니다.

　RSI는 현재의 가격 추세가 얼마나 강력한 상승 추세인지 또는 얼마나 강력한 하락 추세인지를 백분율로 나타내는 지표입니다.

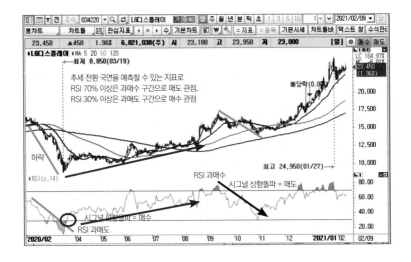

RSI의 값은 이론적으로 100에서 0까지 나올 수 있지만 실제로는 상한범위가 70에서 80까지 형성되고, 하한 범위는 20에서 30까지 형성되는 것이 일반적입니다. 그러므로 RSI의 값이 70 이상으로 나타나면 과도 매수 상태로 판단해 매도 기회를 포착할 수 있고, RSI의 값이 30 이하로 나타나면 과도 매도 상태로 판단해 매수 기회를 포착할 수 있습니다.

그러나 RSI는 시장 가격을 일차적으로 가공해 만든 2차적 지표이므로, 단순히 RSI가 70을 넘었다는 이유만으로 매도하거나 30 이하라는 이유만으로 매입을 결정하는 것은 위험한 일입니다. 즉, RSI의 값이 주는 신호를 중요한 주의 신호로 인식하고, 다른 기술적 분석 기법에 따라 추세의 반전을 확인한 후 매매를 결정하는 것이 바람직합니다.

TRIX(지수이동평균 변화율) 지표

 지수이동평균을 이용하는 지표이며, 단순하게 지수이동평균을 3번 이용한 것입니다. 3번 지수이동평균을 이용한 것은 휩소를 배제하고자 하는 것이며, 지수이동평균 방법을 이용한 것은 선행성을 조금이나마 반영하고자 하는 것으로 생각됩니다. TRIX 지표를 적용할 때 좀 더 언급하자면, 일정 사이클을 가지고 움직이는 종목에 적용하면 좋은 결과를 얻을 수 있을 것입니다.

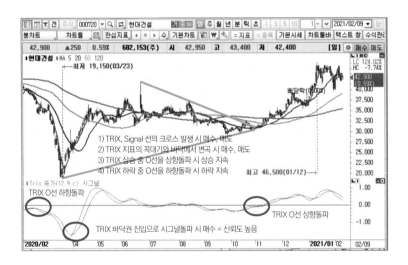

 TRIX 지표와 Signal 선의 크로스 발생을 매수·매도 시점으로 적용할 수 있습니다. 또한 TRIX 선의 방향이 바뀌는 시점에서

매수·매도 시점을 적용할 수 있습니다. 그러나 3차례 평활을 해 휩소를 배제한 지표라 할지라도 휩소를 완전히 배제하지 못한 다는 점을 기억하셔야 하며, TRIX 값이 상승하면서 0선을 상향 돌파는 상승 지속, 반대로 TRIX 값이 하락하면서 0선을 하향돌 파 또한 하락 지속으로 볼 수 있습니다.

투자 심리선

주가는 상승과 하락을 반복합니다. 이러한 등락을 통해 투자 자들의 심리가 발생됩니다. 지속적으로 상승했다면 어느 정도 의 조정이 나올 것과 지속적 하락 발생 시 반등이 나올 것을 예 상하고 거래에 임합니다. 이러한 투자자들의 심리를 이용해 나 온 보조 지표가 투자 심리선입니다. 일정 기간 동안 주가가 상 승한 비율을 이용해 과열인지, 침체인지 확인해 매매에 참고합 니다.

예를 들어, 10일을 기준으로 하고 상승한 날이 7일이면 투자 심리도는 70%가 됩니다. 특히 투자 심리도가 75% 이상이면 과 열권에 진입했다고 보고 25% 이하이면 침체권에 진입했다고 판단합니다.

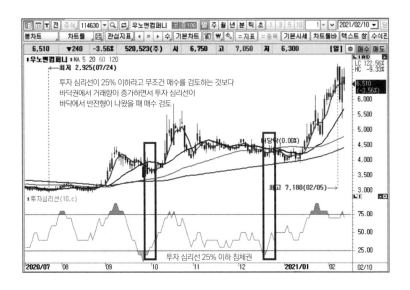

투자 심리선의 활용 방법은 투자 심리선 25% 이하이며, 특히 상승 반전의 형태가 발생될 때는 매수를 검토합니다. 반대로 투자 심리선이 75% 이상이며 하락 반전의 형태가 발생될 때는 매도를 검토합니다.

이 역시 투자 심리선이 25% 이하라고 해서 무작정 매수를 검토하면 안 됩니다. 주가가 침체권에 들어서면서 본격적으로 하락 추세가 시작될 수도 있기 때문에 주의해야 합니다. 반대로 투자 심리선이 75% 이상으로 과열되면서 본격적으로 상승 추세가 시작될 수 있기 때문에 하락 반전의 형태가 발생될 때까지 기다리고, 침착하게 대응해야 합니다.

볼린저밴드 지표

주가는 상승과 추세를 반복하지만, 중심선을 기준으로 일정한 밴드 범위 안에서 움직인다는 논리를 바탕으로 만든 지표입니다. 특히 3개의 선으로 볼린저밴드를 표현하는데 중심선(20일 이동평균선)과 상한선, 하한선으로 나뉩니다. 이론을 살펴보면 주가가 큰 추세를 가지지 않는 횡보장에서는 상한선과 하한선의 폭이 작아져서 전체 밴드의 폭이 작아지게 됩니다. 반대로 상승 추세나 하락 추세를 가지게 되면 상한선과 하한선의 폭이 커져서 전체 밴드의 폭이 커지게 됩니다. 이와 같은 원리(밴드 폭의 변화, 밴드 이탈 등)를 이용해 미래 주가를 예측합니다.

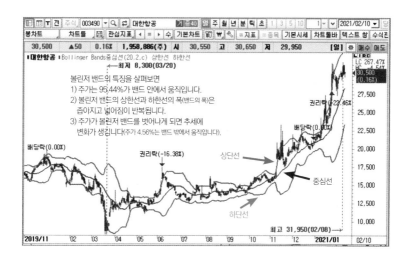

그렇다면 볼린저밴드를 어떻게 활용해야 할까요?

- 밴드 폭이 좁다면 횡보장을 의미하기 때문에 곧 주가가 상승 또는 하락으로 전환될 가능성이 커지게 됩니다. 또한 이 횡보 기간이 길어질수록 주가가 큰 폭으로 움직일 에너지가 비축되는 것이기 때문에 밴드 폭이 극도로 좁아진다면 매매 준비에 집중해야 합니다. 그리고 주가가 움직이는 방향대로 매매하면 됩니다.
- 밴드 폭이 과도하게 넓다면 주가는 계속 추세장을 의미하기 때문에 밴드의 폭이 곧 좁아지게 될 가능성이 큽니다.
- 횡보하던 주가가 상한선 또는 하한선 이탈 시 그 방향으로 매매합니다. 특히 극도로 좁아진 상태에서 이탈하게 되면 큰 추세가 나타날 확률이 매우 높습니다.
- 주가가 횡보장일 때는 하한선에서 매수, 상한선에서 매도, 중심선 상향돌파 시 매수, 중심선 하향돌파 시 매도입니다.
- 주가가 상승 추세일 때는 중심선에서 매수, 상한선에서 매도입니다.
- 주가가 하락 추세일 때는 중심선에서 매도, 하한선에서 매수입니다.

그물망 차트

　일정한 간격이 있는 여러 개의 이동평균선을 한 번에 한 화면에 표시해 이 이동평균선들의 간격이 수렴·확산하는 성질을 바탕으로 추세 전환 및 변화 여부를 판단하는 지표입니다.

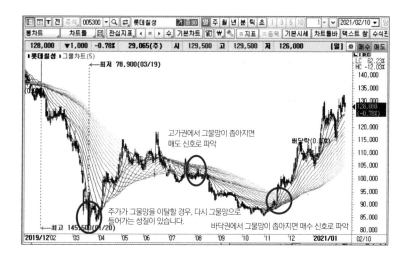

　그물망 차트에서는 하락장일 때 그물망 밑에서 캔들이 있고, 상승장일 때는 그물망 위에서 캔들이 있습니다. 그 이유는 하락장일 때는 가장 밑에 있는 이동평균선이 5일선, 상승장일 때는 가장 위에 있는 이동평균선이 5일선이기 때문입니다.

그물망 차트를 이용한 매매 기법

· 그물망 차트의 간격이 넓어졌다가 좁아지는 시점을 추세 전
  환 신호로 해석합니다.

· 바닥권에서 간격이 좁혀지면 매수 신호로, 천정권에서 좁혀
  지면 매도 신호로 파악합니다.

· 이동평균들이 밀집되었다가 그 간격이 확대되는 부분은 상
  승 추세를 나타내며, 매수 신호로 파악합니다.

삼선전환도 차트

주가 상승이 이전의 하락선 3개를 전환 돌파하는 경우에 상승
선을 그리며, 주가 하락이 이전의 상승선 3개를 전환 돌파하는
경우에 하락선을 그려 이를 각각 상승과 하락의 신호로 봅니다.
삼선전환도는 분석 방법이 간단해 일시적인 주가 변동에 속지
않고, 투명하게 매매 타이밍을 결정할 수 있는 장점이 있습니다.

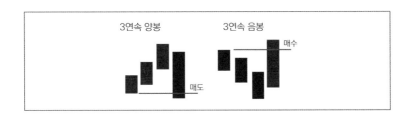

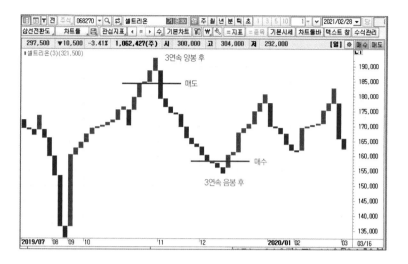

· **매도 타이밍** – 3연속 양봉이 형성된 후 주가가 하락하며 첫 번째 형성되었던 양봉의 저점을 이탈 시

· **매수 타이밍** – 3연속 음봉이 형성된 후 주가가 상승하며 첫 번째 형성되었던 음봉의 고점을 돌파 시

일목균형표 지표

주가의 움직임을 5개의 의미 있는 선을 이용해 주가를 예측하는 기법으로, 시간 개념이 포함된 지표를 말합니다. 이러한 일목균형표는 주식 시장에서 매수와 매도 균형이 무너진 방향으로

가격이 움직인다는 판단에 근거가 있습니다. 또한 변화가 일어나는 시기를 추측하는 의미에서 시간을 중시하는 점이 특징입니다.

시간의 의미는 과거의 주가를 통해 미래의 주가를 예측해보려는 것이며, 과거의 주가를 현재의 주가와 비교해보거나 현재의 주가를 과거의 주가로 비교해보고 적절한 가격인지 알아볼 수 있고 미래를 예측해 지표가 선행되어 그려지는 것입니다.

일목균형의 구성

· 전환선

최근 9일간의 최고점과 최저점의 중간값을 연결해 만든 선

전환선 = (9일 중 최고점+최저점)/2

· 기준선

최근 26일간의 최고점과 최저점이 중간값을 연결해 만든 선

기준선 = (26일 중 최고점+최고점)/2

· 후행스팬

현재의 주가를 26일 후행시켜 연결한 선. 한 달 전의 주가와 현재의 주가를 비교

· 선행스팬 1

전환선과 기준선의 중간값을 26이 앞으로 선행해 그린 선

선행스팬 1 = (전환선+기준선)/2

· 선행스팬 2

52일간 최고점과 최저점의 중간값을 계산해 26일 선행해 그
린 선

선행스팬 2 = (52일간 최고점+최고점)/2

· 구름층

선행스팬 1과 선행스팬 2 사이에 생기는 간격에 색칠하는 것

- 선행스팬 1이 선행스팬 2보다 위에 있으면 양운

- 선행스팬 2가 선행스팬 1보다 위에 있으면 음운

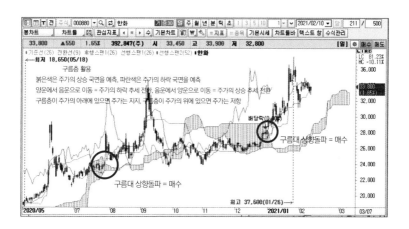

일목균형표 투자 활용법 – 전환선과 기준선 활용

· 전환선이 기준선 위로 올라오면 골든크로스(상승 국면)

· 전환선이 기준선 아래로 내려가면 데드크로스(하락 국면)

거래량과 매물대

거래가 집중적으로 이루어진 가격대를 말합니다. 일반적으로 주가가 매물대를 상향돌파하면 매물대는 지지선이 되고, 주가가 매물대를 하향돌파하면 매물대는 저항선으로 작용합니다.

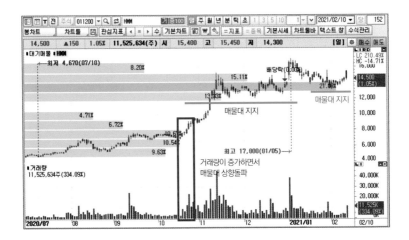

주가가 강력한 매물대를 상향돌파하면 상승 추세로 보고 매물대가 두터운 것은 이 가격대에서 많은 거래가 이루어졌다는 것입니다. 이 가격대를 돌파하려면 이전 거래량보다 많은 거래량이 필요합니다. 바닥권에서 또는 조정권에서 큰 거래량 없이 주가가 단기 급락해 매물대를 하향돌파하는 매물 공백 발생 시 적극적으로 매수 타이밍을 잡습니다.

Part **02**

실전 편

Chapter 01 | **BEST** 실전 투자 비법

급등주에 대한 자료

주식 시장에는 대형주, 중소형주, 테마주, 급등주 등 다양한 종목들이 존재합니다. 시장 수익률만큼 1~3% 내외에서 움직이는 대형주와 달리 테마주, 급등주는 매일 상한가를 기록하는 것을 지켜보셨을 것입니다.

급등주는 주식 시장에서 자금력을 보유하고 있는 개인(큰손)이나 기관, 외국인, 기타 단체 또는 암묵적으로 형성된 유동성이 응집되면서 한 종목으로 집중되어 주가의 움직임이 시장 원리로는 설명할 수 없도록 움직이는 주식을 말합니다.

급등주 특징
· 거래량이 적음

· 일반인들은 잘 모르는 종목

· 유통 물량이 적음

· 유통 물량이 많다고 하더라도 주가가 낮음

매집 및 시세 분출 시의 주가 및 거래량 추이

· 8~16주 정도의 기간에 걸쳐 주가의 흐름이 일정한 박스권
  을 형성(매집 시기)

· 거래량이 지속적으로 줄어들며 주가는 약세를 보임

· 매물을 소화하며 상승을 시도하고, 거래량이 증가. 주가는 이
  미 매물이 충분히 소화된 상태에서 급반등

· 사전에 준비된 재료가 유포되며 일반 투자자의 매수세가 유
  입되고 거래량이 감소

· 거래가 폭증하며 주가는 상투를 찍고 긴 하향 조정을 시작

세력이 들어 있는 종목들의 공통점

· 하락 장세 때 상한가를 가려고 하며, 그 첫 상한가를 기록함
  에도 불구하고 거래량이 많이 나타나지 않음

· 연속으로 줄 상한가를 가고 있을 때 개인 투자자들이 간다고
  확신이 들 때 한 번쯤은 흔들어줌

· 재료가 없고 며칠 상한가를 치고 난 후 공시조회가 들어갔을
  때 '사유 없음'이라고 발표

· 첫 상한가에도 불구하고 시작부터 상한가에 출발하는 종목

도 있음

· 시작부터 상한가를 치지 않고 며칠째 장중 상한가 기록에도 불구하고 거래량이 크게 늘어나지 않음

· 이전까지는 별 볼 일이 없던 종목일수록 급등주(세력주)가 될 가능성이 큼

· 기업의 큰 뉴스, 호재 등이 시장에 미발표 또는 발표될 정도로 기업 측에서도 확신이 없는 호재나 재료들이 있는 경우(루머 등)

· 그동안은 장중에 거의 움직임이 없던 종목이 갑자기 흔들림이 크고 아래로 치는 매도 물량을 한꺼번에 받아내는 모습을 보임

세력주(급등주)에 올라타면 단기간에 수익이 난다

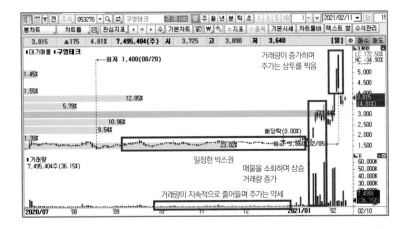

횡보 구간 중 대량 거래량이 발생하면서 양봉이 나타나야 합니다. 또한 거래량이 터진 양봉에 아랫꼬리가 없는 종목이 좋습니다. 차트 분석은 곧 호재가 있을 큰돈의 흐름을 파악하는 동시에 세력주를 분석하는 것이기도 합니다.

일반 개미도 세력을 이길 수 있다

세력주는 주가가 급등하기 전 장기간 수렴구간을 걸치기 때문에 개인 투자자들은 시장 대비 상대적 박탈감으로 주식을 보유하지 못하고 다른 종목으로 갈아타는 경우가 발생합니다.

하지만 세력주는 개인 투자자들이 털어내는 물량을 받아가며 어느 순간 대량 거래량이 발생해 상승 초입에 들어서게 됩니다. 어느 정도 상승세를 유지하다 흔들기에 개인 투자자들은 물량을 털리게 되지만, 매물대 지표 분석으로 보유할 수 있는 만큼 내공을 키워야 합니다. 장기간 수렴이 길면 길수록 상승률이 크다는 전략으로 맞서야 합니다.

급등주의 일반적 조건

· 횡보, 조정 기간이 긴 종목
· 본격적인 폭등세 전 추세를 한 번 이탈한 후 폭등하는 경우
· 급등주는 소형주에서 많이 나옴
· 수급상 조건 : 소외된 종목, 자본금이 적은 주식, 업종 거래
  비중이 증가하는 업종 중 가장 좋은 종목 등
· 내재가치상 조건 : 1년 내 크게 성장 가능성이 있는 주식, 인
  기 테마, 경제 환경에 따른 성장 업종과 성장 기업 등
· 기본적 분석상 조건 : 반기실적이 대폭 호전되고 있는 주식
· 기술적 분석상 조건 : 차트상 이동평균선이 박스권 형성, 장
  기간 횡보하고 있으면서 서서히 거래량이 증가하는 주식 등
· 패턴 분석상 조건 : 장기하락 후 쌍바닥형, 장기하락 후 V자
  상승형, 장기하락 후 저점 상향이동형 등

거래대금 300억 원 이상의 맥을 잡자

첫날 거래량과 거래대금 300억 원 이상이 터진 양봉으로 마감하고, 둘째 날 눌림조정 시 음봉이나 양봉으로 마감할 때 거래량이 크게 줄어들며 조정하는 종목을 관심 있게 체크해서 실전매매 전략에 응용하는 기법입니다.

| 실전 예시 ① | 거래대금 300억 원 이상 터진 양봉 이후 다음 날
눌림캔들 몸통 기준

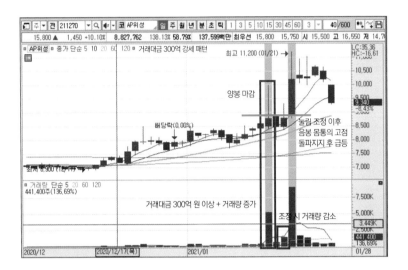

승률 좋은 3분봉 단타 기법 수식

지지와 저항의 의미는 어느 가격대에서는 매수하는 세력이, 어느 가격대에서는 매도하는 세력이 있다는 것입니다. 주식 시장에서 사용되는 단타 기법은 다양하고 많습니다. 하지만 이러한 기법들을 내 것으로 만들지 못한다면 아무런 의미가 없습니다.

지금 알려드릴 기법은 3분봉 단타 기법으로, 승률이 높은 기법입니다. 당일 수급이 좋은 종목 중 이 기법을 사용하게 되면 저점에서 매수할 수 있고, 높은 가격에서 팔 수 있습니다. 지표추가로 들어가서 일목균형표를 클릭해 설치하고, 지표 조건 설정에서 기간을 9에서 5로 변경합니다.

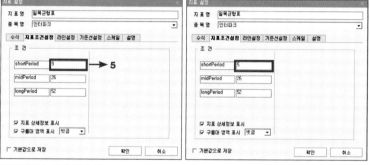

일목균형표 기간 변경 전   변경 후

다음은 라인 설정을 클릭하고 기준선, 후행스팬, 선행스팬 1, 2를 제거해 전환선만 체크하고 너비 조절 및 색상 설정을 한 후, 최종 확인 버튼을 클릭합니다.

기준선, 후행스팬, 선행스팬, 후행스팬 제거/   변경 후
전환선만 체크/색상 및 너비 설정

수식관리를 클릭하면 다음 창이 뜹니다. 그럼 순서대로 1~7
번까지 따라 하시면 됩니다.

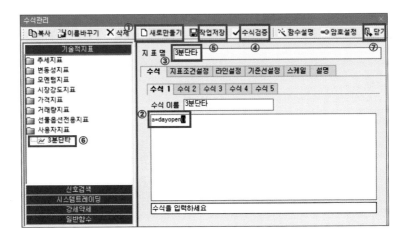

수식관리 모드가 끝났다면, 그다음으로 수식겹치기 메뉴를 찾
아 클릭한 후, 수식관리에서 만든 3분 단타를 클릭하고 적용을
클릭합니다. 그럼 바로 Y축 표시 방법 창이 연결됩니다. 맨 아
래 부분 다음 지표와 Y축 공유를 클릭한 다음, 종목명을 클릭하
고 확인을 클릭합니다.

　앞의 과정을 순서대로 완성했다면, 마지막 단계 차트 왼쪽 상
단 메뉴의 좌측 메뉴 보이기, 감추기 클릭 후 사용자지표에서
지표명 '3분 단타'를 클릭한다면, 차트에서처럼 파란색 라인이
그려집니다.

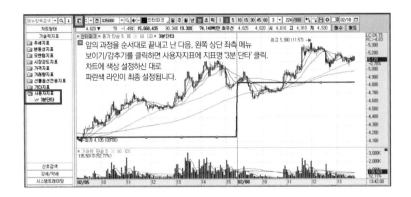

| 실전 예시 ① |

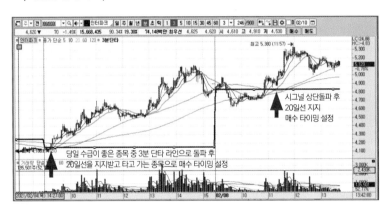

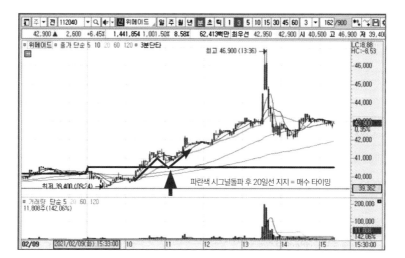

파란색 시그널돌파 후 20일선 지지 = 매수 타이밍

저평가 우량주 찾아내기

주식 시장에서 가장 대표적으로 안전한 방법은 저평가된 우량주를 찾아서 장기 투자를 하는 것입니다. 하지만 저평가된 우량주를 찾아내는 것이 어렵고, 장기적으로 포지션을 유지하는 것 또한 투자 성향에 따라 어려운 점이 있습니다. 장기 투자(가치 투자)가 안전한 방법이지만, 무조건적인 시세차익을 남기는 방법이라 하기에는 적절치 못한 점도 있을 수 있습니다.

개인 투자자들의 투자 성향은 여러 분류로 나눠질 수 있지만, 데이 트레이더에게는 짧게 빠르게 매매를 반복하는 것이 쉽고, 장기적으로 주식을 보유하는 것은 어려울 수 있습니다.

저평가된 종목을 찾아내는 실력과 우량주가 맞는지 분석할 수 있는 실력이 있어야 장기 투자도 가능합니다. 주식 투자는 싸게 사서 비싸게 파는 것입니다. 바로 저평가 우량주(현재 주가는 낮지만 앞으로 크게 오를 종목)를 사서 주가가 오르면 팔면 되는 것입니다. 그럼 개인 투자자들이 저평가된 우량주를 어떻게 찾을 수 있을지 그 방법을 알아보겠습니다.

ROE(Return Of Equity) : 자기자본이익률

자기자본이익률은 자기자본으로 기업이 어느 정도 수익을 올릴 수 있을지를 말하며, 대출을 받아서 수익을 내는 게 아닌 실제 기업이 보유한 자본으로 얼마나 수익을 내는가를 알 수 있는 지표입니다.

$$ROE(자기자본이익률) = \frac{당기순이익}{평균자기자본} \times 100 = \frac{당기순이익}{(전기\ 자기자본 + 당기\ 자기자본)} \times 100$$

ROE가 높을수록 실제 자본을 가지고 수익을 잘 내고 있는 기업입니다.

ROE가 높다 = 기업 가치가 높다

(일반적으로 ROE가 5~20% 정도면 우량기업이라고 합니다.)

그런데 무조건 ROE가 높다고 해서 기업 가치가 높다고는 볼 수 없습니다. 기업 수익이 좋다고 다 좋은 기업이 아닙니다. 보유 부동산 매각이나 자회사 매각 등으로 수익성이 좋으면 ROE가 높아집니다. 기업의 순수 수익성으로 볼 수 없기 때문에 영업이익만을 보고 판단해야 합니다. 같은 업종 대비 ROE가 비슷하다면 ROE 증가율이 높은 기업을 선택합니다. 시간이 흐를수록 수익성이 좋아질 것으로 판단할 수 있습니다.

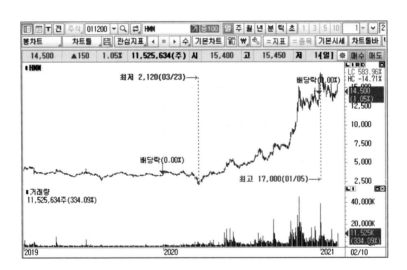

2019년부터 2020년 ROE를 살펴보면, 매년 엄청난 수치로 줄어드는 것을 알 수 있습니다. HMM 주가는 실제로 작년 저점 2,120원 대비 8배 이상 상승한 17,000원대까지 상승했습니다.

하락 후 5일선 변곡점을 노려라

5일 이동평균선 변곡점은 일봉에서 주가 역배열 상태에서 최초의 매매기준점인 5일 이동평균선을 올라탄 상태를 의미하며, 약하지만 처음으로 지지력을 확보한 상태가 되어 향후 주가 흐름은 이전에 비해 상대적으로 안전할 수 있습니다.

5일선은 5개의 일봉캔들 평균값으로, 하락 추세의 종목이 상승 반전하게 되면 주가는 돌아섰지만 5일 이동평균선은 바로 돌아서지 않고, 2~3일이 경과한 이후에나 변곡점이 발생하게 됩니다. 5일선 변곡점 매매는 스캘퍼 매매를 제외하고는 많은 투자자자분들의 투자 성향에 상관없이 실전에서 매매 기법으로 활용할 수 있습니다.

주가가 양봉을 형성하든, 음봉을 형성하든 2~3일 정도 저점에서 더 이상 하락하지 않고 횡보하면 5일선이 턴하게 됩니다. 그때 5일선을 양봉으로 상승돌파할 때가 5일선 변곡점 매수 타이밍입니다.

상한가 다음 날 주식 고수익 단타 기법

힘이 강한 종목은 절대 쉽게 꺾이지 않는다는 전제가 필요합니다. 통계적으로 그러한데 강한 종목일수록 2차 상승을 보이기도 합니다. 이러한 전제를 하지 못한다면 매매 자체가 성립되지 않으므로 3일선 또는 전일 종가에서 급등주는 반등한다는 전제가 꼭 필요합니다. 만약 반등하지 않는다면 손실을 감수해야 합니다. 그래서 급등주 매매는 리스크가 높으며, 이러한 리스크를 피하려면 대형주 매매를 하는 것입니다.

눌림목이라는 용어를 많이 사용하는데 우상향하는 종목은 추세가 생겨 하락하더라도 위로 올라가는 경우가 많다는 것을 뜻하는 단어입니다. 마찬가지로 급하게 상승한 종목은 어느 정도의 조정으로 쉽게 꺾이지 않으며 어설픈 첫 상한가보다 강한 점상한가도 좋지만, 2~3번 나온 종목 또한 좋습니다.

전일 상한가 종목 중 다음 날 그 종목을 매수하는 일종의 초단타 기법입니다. 전일 상한가 종목을 시장 개장과 더불어서 그 종목들을 주시합니다. 시가가 반드시 갭 상승을 하는 종목과 그렇지 않은 종목으로 나뉩니다. 10% 이상 갭 상승 또는 10% 이하 상승한 종목으로 나뉘는데, 갭 상승 후 음봉이 발생한다면 관심 종목으로 편입시킵니다.

대량 거래가 터지면 죽은 종목이며, 거래량이 적게 터질수록 재상승할 수 있는 확률이 높은 종목입니다. 10% 이상 갭 상승 종목은 전일 종가 근처 매수 타이밍, 10% 이하 상승한 종목은 3일선 근처 매수 타이밍으로 탁월한 수익률을 올릴 수 있습니다. 매매는 보통 09시 30분에서 11시 이내에 완료되어 승부가 좌우됩니다.

매매 원칙

· 전일 상한가 종목 관심 종목 설정
· 09시 장 시작과 동시에 전일 상한가 종목 시가 확인
· 전일 종가 기준 당일 09시 장 시작 이후 +10% 이상 상승 출발하는 종목군
· 전일 종가 기준 당일 09시 장 시작 이후 보합 또는 마이너스 출발하는 종목군
· +10% 이상 상승 출발하는 종목군은 눌림 시 전일 종가 부

근 매수 전략

· 10% 이하 출발이나 보합 또는 마이너스 하락 출발하는 종목
군은 일봉상 3일선 부근 매수 전략

· 거래량은 전일 거래량 1/3 정도로 형성되어야 좋은 종목군

· +3%~+5% 내외 수익권에서 50%~70% 보유 물량 청산
/30% 정도만 본청 걸고 홀딩 전략으로 +5%~10% 내외 분
할 청산 대응

· 진입 시 손절선은 3%

바로 실전 대응하는 것보다 앞의 매매 원칙을 반드시 숙지하
고 2~3주 모의 투자 연습 후 대응한다면 좋은 수익구조가 만
들어질 것입니다. 차트 그림을 보고 패턴 공부를 해보겠습니다.

| 실전 예시 ① |

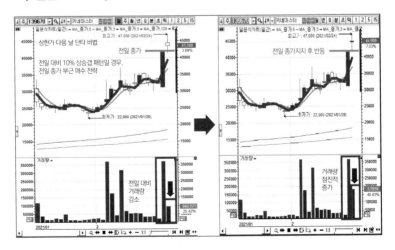

다음 차트는 전일 상한가 마감 종목으로 09시 장 시작과 동시에 10% 이상 갭 상승이 나온 패턴입니다. 왼쪽 차트의 09시 장 시작 이후 윗꼬리가 만들어지는 것을 보면 세력들의 의도된 매도세가 강하다는 것을 알 수 있습니다. 여기서 거래량을 꼭 확인해야 합니다. 의도적인 하락 공격인지, 세력들의 수익 청산 의미의 하락 공격인지 거래량에서 알 수 있습니다. 거래량이 전일 거래량 대비 절대 늘어나지 않아야 합니다.

전일 상한가 종목으로 당일 갭 상승 후 10% 이상 상승 종목으로 눌림이 형성되면 지지라인이 어떻게 형성되는지 주시해야 합니다. 전일 종가기준 매수 타이밍을 설정한 기법으로, 위 가격표를 보시면 전일 종가(41,950원) 부근 매수 가격 설정이 됩니다. 하지만 종가를 붕괴시켜 저점 41,350원 가격을 완성하고 꼬리를 달며(매수세가 강하게 들어옴) 상승하기 시작하면서 8% 이

상 상승률을 보여주었습니다. 패턴을 잘 익혀서 매매에 접목시
킨다면 좋은 수익 기법을 터득할 것입니다.

다음은 전일 상한가 종목으로 09시 장 시작 후 보합이나 마
이너스 종목군으로 지지라인이 어떻게 형성되는지 체크해보겠
습니다.

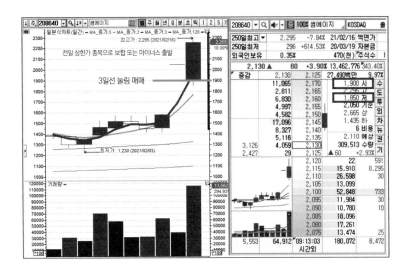

전일 상한가 종목으로 당일 09시 장 시작 후 갭 하락 출발 패
턴으로, 눌림이 형성되면 지지라인이 어떻게 형성되는지 주시
해야 합니다. 당일 일봉 기준 3일선 눌림목 매수 전략입니다.

오른쪽 호가창을 보시면 전일 종가 2,050원 마감, 당일 갭 하

락 1,900원 시가가 형성된 후 바로 3일선 1,850원 눌림을 주며 바로 급상승하는 패턴이 형성되었습니다. 이처럼 기술적 분석은 과거의 차트 데이터를 현재 차트에서 분석하는 것입니다. 과거 데이터의 그림자이자 후행성인 차트로 미래의 주가를 예측하긴 어렵다고 말하지만, 절대로 그렇지 않습니다. 차트의 흐름과 차트를 파악할 때 단순히 그래프를 보는 것이 아니라 큰돈의 흐름을 분석한다고 생각한다면, 더 정확히 매매에 임할 수 있을 것입니다.

양봉밀집 패턴은 세력의 매집 패턴이다

캔들의 변화에 가장 주목해야 할 부분은 세력의 개입 여부, 이탈 여부입니다. 이는 음봉과 양봉에서 수익률과 직결되는 경우가 많습니다. 세력이 물량을 매집한다는 것은 양봉이 연속해서 출현한다는 것이며, 보통 세력이 물량을 확보하기 위해서는 동시호가에 허매도 물량을 넣어 시초가를 최저가를 출발하게 만듭니다.

아랫꼬리가 없는 양봉이 밀집한 종목은 양봉 숫자만큼 동시호가 허매도 물량으로 계속해서 주가를 짓누르고, 세력만이 매수세로 세력의 매집 패턴이 됩니다.

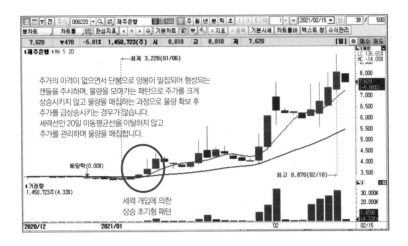

5일선이 살아 있는 종목에 양봉이 출현하는 것이 일반적인데, 아랫꼬리가 없는 양봉이 밀집한 종목으로 접근하면서 20일선에 근접한다면 급등주일 가능성이 매우 크므로 주시해야 할 필요가 있습니다.

어떻게 매매할까?
나도 고수가 될 수 있을까?

오직 차트로만 승부한다

주식 시장에서 100% 완벽한 기법은 없습니다. 가격의 형성은 시세의 원리로 돌파·이탈·수렴·지지와 저항이 그 시작이자 끝입니다. 그러면서 형성되는 것이 파동이며, 파동이 이어지면 추세가 만들어집니다. 추세는 곧 돌파·이탈·수렴입니다. 상승 추세=돌파, 하락 추세=이탈, 횡보 추세=수렴으로 구성되며, 각각의 추세나 돌파·이탈·수렴은 하나의 파동이 됩니다. 월봉 안에는 주봉, 주봉 안에는 일봉, 일봉 안에는 분봉이 있는 원리입니다. 이 모든 게 모여 하나의 파동입니다.

주가는 주식 시장에서의 수요와 공급에 의해 결정되는데, 매수 세력과 매도 세력의 힘의 변화가 어느 쪽으로 기울고 있는지를 판단해 매수 세력이 강하면 매수하고, 매도 세력이 강하면 매도를 결정하는 주요한 기술적 분석이 됩니다.

차트 분석, 거래량 분석, 이동평균선 분석, 패턴 분석, 지표 분석 등은 미래의 주가 방향성을 예측하고 투자 판단을 결정할 수 있는 조건입니다. 같은 분석에도 투자 판단이나 분석자의 주관적인 해석이 완전히 달라질 수 있기 때문에 기술적 분석은 100% 예측을 위한 분석력이 필요합니다.

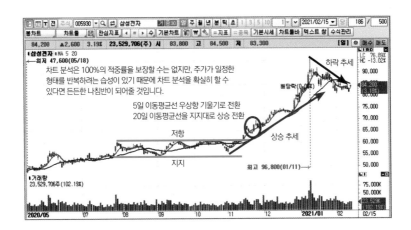

종목 선정은 이렇게 한다

어떤 종목을 사야 할까요? 수많은 개인 투자자들이 고민하는 부분입니다. 종목을 선정하는 방법은 개개인마다 다를 수 있습니다. 하지만 시장에서 정답은 없습니다. 위험이 클수록 수익은 크게 낼 수 있지만, 그만큼 손해도 감수해야 하는 것이 시장입니다.

오랜 세월 동안 경험을 쌓아온 주식 고수들은 다양한 종목을 매매할 것입니다. 하지만 주식을 처음 시작하는 분들은 주식 고수들을 따라 하는 것보다 오히려 안정적인 종목을 선택하는 것을 권장합니다. 대표적으로 시장 가치 대비 저평가된 우량주를 예로 들 수 있습니다. 그렇다고 저평가된 우량주라 해서 무조건적으로 매매하는 건 리스크가 있습니다. 주식은 상승하는 시기(상승 추세)와 하락하는 시기(하락 추세)가 있기 때문에 급한 마음에 바로 투자하는 것은 위험합니다.

주식을 처음 시작하는 분들은 대부분 마음이 급해 투자부터 합니다. 운이 좋아 수익을 얻을 수 있지만, 결국 손해를 입고 주식 시장을 떠나는 분들도 많습니다. 즉 주식을 처음 시작한다면 최대한 안정적으로 수익을 얻는 방법을 터득해야 한다는 의미입니다.

첫 번째, 내가 투자하고자 하는 종목을 면밀히 파악하고 투자해야 합니다. 과거와 최근 기업 실적과 미래 성장 가치는 어떤지, 어떤 이슈들이 있는지 등을 파악해두어야 합니다.

두 번째, 큰 수익을 얻기 위해 큰 자금을 투자하는 것은 금물입니다. 큰 수익을 얻기 위해서는 그 이상의 리스크를 감수해야 합니다. 주식 시장의 경험이 부족한 상태에서 큰 자금을 투자하는 것은 리스크가 크기 때문에 경험을 쌓은 뒤에 하는 것이 원칙을 지키는 투자입니다.

그렇다면 하락하는 종목을 사야 할까요? 상승하는 종목을 사야 할까요? 개인 투자자들이 상승하는 종목을 사면 하락하고, 하락하는 종목을 사면 더 하락하는 게 시장 원리입니다.

첫째, ROE가 높은 종목을 사야 합니다.

ROE는 자기자본이익률입니다. 자본을 가지고 얼마만큼 이익을 내는지에 대한 지표입니다. 예를 들어 자기자본이 10억 원인 회사가 1.5억 원의 당기순이익을 냈다는 것은 ROE가 15%입니다. ROE가 높을수록 주가가 상승할 가능성이 큽니다.

둘째, 이동평균선이 정배열되어 있는 종목을 사야 합니다.

이동평균선이 정배열되어 있다는 것은 단기 이동평균선이 장기 이동평균선 위에 있다는 뜻입니다. 이런 패턴일수록 강한 상승세가 유지되고 수익을 낼 수 있습니다.

셋째, 거래량이 많은 종목을 사야 합니다.

거래량이 많다는 것은 매수하는 사람과 매도하는 사람이 많다는 의미로, 시장에서 인기가 있는 종목입니다. 또한 주가 변동성이 좋고 시세를 줄 가능성이 있다는 것입니다.

데이 트레이더의 종목 선정

주식 매매, 특히 전업 투자자분들이 매일 시세차익을 거두는 것이 바로 데이 트레이딩입니다. 데이 트레이딩에서 성공과 실패를 가르는 것은 종목 선정과 타이밍입니다. 보통 코스닥 종목군들을 많이 매매하는데, 가격 변동성이 좋아 수익률도 높아지기 때문입니다. 그만큼 리스크도 크다고 볼 수 있습니다.

- 거래량이 많고 주가 변동 폭이 큰 종목으로 선택(거래량 상위 30종목 위주)
- 주가 바닥에서 터닝하면서 거래량이 점진적으로 증가하는 종목
- 현재 주식 시장에서 테마주, 주도주, 인기주, 재료주 종목군으로 선택
- 역배열이 아닌 정배열로서 20일 이동평균선 세력선이 살아 있는 종목 선택
- 관리 종목, 부실주, 1,000원 미만 종목 등은 되도록 제외
- 상승 추세로 접어든 종목으로 선택

최적의 매매 시간대는?

하루 거래량의 절반가량은 대부분 장 초반에 이루어집니다. 종목군별로 상승하는 종목은 장 초반부터 상승하기 시작하며, 하락하는 종목 또한 장 초반부터 하락하기 시작합니다. 매매 시간대를 선정하는 것 또한 노하우입니다.

· 09시~10시 사이는 데이 트레이딩을 위한 최고의 시간대입니다. 수익을 낼 수 있는 데이 트레이딩의 승률이 거의 이 시간대에 이루어집니다.

· 11시~14시 사이는 대부분 주식 매매를 실패할 확률이 높기에 가급적 관망해야 하는 시간대입니다.

· 14시~15시 30분은 오전장 시가나 고가를 돌파하는 종목군으로, 데이 트레이딩이 가능한 시간대로 추가 수익을 확보할 수 있는 시간대입니다.

정배열 종목이 안정적이다

주식을 매매할 때 역배열보다 정배열 주식, 정배열 전환을 많이 강조하는 이유는 주가가 오를 가능성이 훨씬 높고 안정적이기 때문입니다.

정배열은 5일 이동평균선부터 시작해서 20일 이동평균선, 60일 이동평균선, 120일 이동평균선으로 5일선이 제일 위에 있고 120일선이 아래로 순서대로 배열되어 있는 것을 말합니다. 반대로 역배열은 정배열의 반대 구조로, 120일선이 위에 놓이게 되고 5일선이 아래로 배열되어 있는 것을 말합니다.

이동평균선은 주가의 지지와 저항 역할을 하기 때문에 정배열이 되어 있는 주가는 하락하더라도 나열된 이동평균선에서 지지를 받고 재상승할 수 있습니다. 역배열(저항)과 다르게 지지가 되므로 만약 하락하더라도 급락하지는 않는다는 것입니다.

정배열은 주가가 아래로 내려갈 가능성보다는 위로 상승할 에너지가 더 큽니다. 이동평균선은 지지와 저항 역할을 하기 때문에 정배열에서의 이동평균선은 지지를 받으며 상승할 가능성이 크다는 것입니다. 정배열되어 있는 종목을 선택해 매매하는 것이 효율적입니다.

5일선이 우상향이고, 20일선이 받쳐주는 종목에서 상승할 확률이 높다

차트는 캔들, 거래량, 이동평균선의 3가지로 구성되어 있습니다. 매수하는 사람, 매도하는 사람들이 충돌하면서 거래를 반복해서 일으키며 거래량을 만들고, 가격 변화에 따라서 상승 캔들과(양봉), 하락 캔들(음봉)을 형성하고, 캔들의 가격 기준으로 평균화시켜 이어진 선이 이동평균선입니다.

5일 이동평균선은 심리선이라고 불리며 단기적인 시장 상황을 보여준다고 볼 수 있습니다. 20일 이동평균선은 세력선 또는 추세선이라 불리며, 시장의 상승과 하락을 예측하는 선입니다.

5일선과 20일선은 주가의 단기 흐름을 파악할 수 있으며 5일선과 20일선이 내려오지 않는 한 상승 흐름이 유지되고 있다고 판단할 수 있습니다. 특히 5일선과 20일선이 교차하는 지점에서 주시할 필요가 있습니다.

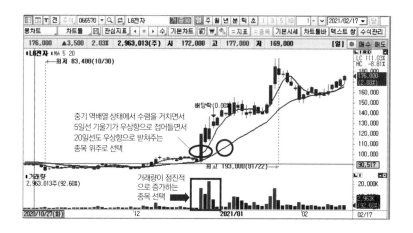

5일 이동 평균선과 20일 이동평균선이 둘 다 하락 추세에 있다면 관망

역배열 종목으로 주가가 어디까지 하락할지 예측이 불가하기 때문에 매매에서 역배열 종목은 제외시키는 게 안전합니다. 단기 상승하더라도 5일 이동평균선이 20일 이동평균선을 돌파하지 못한다면 지속적으로 하락합니다.

세력이 만드는 윗꼬리 캔들의 의미를 파악하자

세력이 만드는 캔들 중에 세력이 들어오고 나가고 하는 모양의 캔들이 있습니다. 캔들의 모양 중에 가장 신뢰도가 높은 윗꼬리(양봉) 캔들에 대해 이해한다면, 여러분도 세력을 이길 수 있는 기술을 습득하는 것입니다. 해석에 따라 다를 수 있지만, 윗꼬리 캔들은 장중고점에서 매도하는 세력이 힘이 강하다는 뜻입니다.

하지만 세력은 개인 투자자들을 떨구기 위해 의도된 패턴이라고 해석합니다. 긴 꼬리가 나타난 후 다시 하락시켰다가 추후 급등하는 경우가 많다는 것입니다. 몸통이 짧고 꼬리가 긴 캔들이 신뢰도가 높습니다(세력이 들어온 흔적).

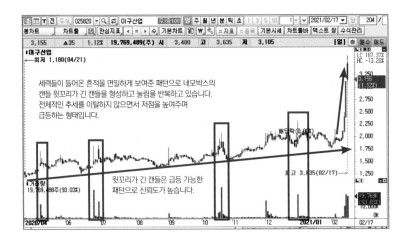

세력이 만드는 의미 있는 구간, 이런 자리에서 매매하자

개인 투자자들은 무조건적인 매매에 앞서 의미 있는 자리에서 매매하고 경험을 쌓는 게 중요합니다. 종목마다 세력이라는 주포가 있고, 세력들은 높은 가격이나 낮은 가격에서 매집하면서 개인 투자자들을 유혹합니다. 매수 타점을 잡더라도 세력들이 움직이는 자리 중 특히 세력들이 감추고 싶은 자리나(하지만 감출 수 없는 자리) 구간에서 매매에 접근한다면 좋은 매매법이 될 것입니다.

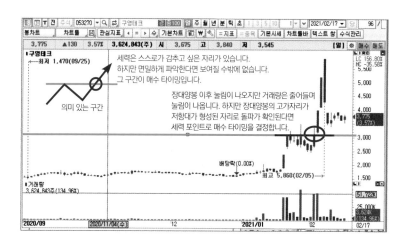

Chapter 03 | 초보자를 위한 급등주 발굴 기법

많은 분들이 재테크로 주식 투자를 하고 있습니다. 코로나 19로 인해 주가가 큰 폭으로 하락하면서 지금이 기회라는 생각으로 주식 시장에 들어온 초보자분들이 많아지면서 큰 수익을 내신 분들도 있겠지만, 손실을 크게 보신 분들도 많은 상황입니다.

과연 어떻게 주식 투자를 해야 많은 수익을 얻을 수 있을까요? 투자자들이 큰 수익을 내기 위한 방법으로는 급등주를 찾는 방법이 있습니다. 천천히 상승하는 것보다는 급하게 상승하는 주식을 급등주라 합니다. 급등할 만한 주식을 찾아낼 수 있는 기법을 연구하고 경험을 쌓는다면, 여러분들도 확률 높은 급등주를 찾아낼 수 있습니다.

대량 거래를 주시하고 또 주시하라

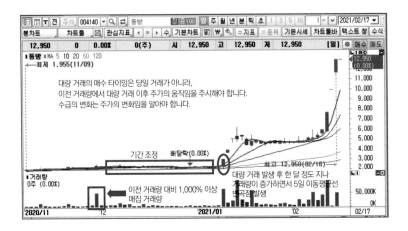

다음 차트를 보면 전일 대비 1,000% 이상의 대량 매집 구간이 발생했습니다. 중요 포인트는 대량 거래가 터진 이후의 주가입니다. 대량 거래 이후 주가의 흐름을 주시해 거래량이 증가하고 5일 이동평균선 위에서 주가 캔들이 형성되면, 매수 포인트를 설정하시면 됩니다.

대량 거래는 때에 따라 인내가 필요하다

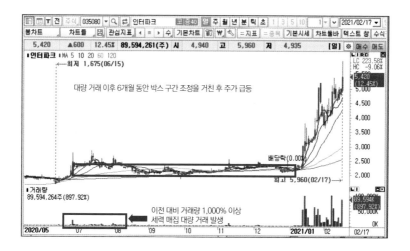

주식 시장에서 개인 투자자들은 늘 세력들에게 당합니다. 급등할 것으로 예측하고 매수하지만, 3~6개월 정도 기간 조정이 유지되면 개인들은 기다림에 못 이겨 손절을 하게 됩니다. 기술적·기본적 분석이 끝났다면 현재 주식 가치가 저평가된 것이고, 기업이 성장 가능성이 있고 주식을 싼값에 매입했다면 언젠가는 상승할 수 있기에 기다리면 됩니다.

성공적인 투자를 하기 위해서는 인내를 가지고 버티는 투자 마인드가 반드시 필요합니다.

왼쪽 어깨 절벽 후 수렴구간을 주시하라

주가를 정확히 예측한다는 것은 사실상 불가능합니다. 종목마다 특성이 있어 변동 요인도 다르며 주식 시장 자체가 비합리적인 특성이 있기 때문입니다. 하지만 개인 투자자 입장에서 언제나 정확한 주가 예측은 어렵더라도 주가의 방향이라도 예측하고 싶어하는 것은 당연한 이치입니다.

모든 기술적 지표가 주가의 향방을 정확히 알려주는 절대적인 지표는 아니지만, 추세 전환 시점을 파악하는 데 아주 중요하며, 추세 전환 이후에 추세 지속성을 판단하는 아주 중요한 기점이 됩니다.

주식 투자자라면 누구나 자신만의 매매 원칙을 가지고 있어야 주식 투자에서 성공할 수 있습니다. 더 중요한 것은 원칙을 지키며 매매하는 습관을 기르는 것입니다. 지금 제시하는 방법을 익혀 주식을 매매하기 전에 한 번쯤은 꼭 확인하고 매매에 활용하기 바랍니다.

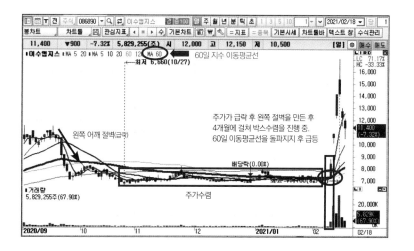

다음 차트는 급락 후 주가가 완만한 수렴을 4개월에 걸쳐 지루하게 움직이는 패턴을 보여주고 있습니다. 보통 이런 종목들은 투자자분들이 매매 시점을 포착하기가 쉽지 않습니다. 또한 잘못하면 오히려 큰 낭패를 볼 수 있습니다. 하지만 지금부터 언급한 내용을 잘 활용하면 좋은 종목을 찾을 수 있습니다. 이런 종목군들은 언제 상승할까요?

추세 전환 시점에서 매매 시점을 잡기 위해서는 60일 단순 이동평균선이 아니라 지수 이동평균선을 설정해야 합니다. 주식 초보자도 매매 원칙을 지키면서 쉽게 매수 시점을 찾는 기법 중 하나인 60일 지수 이동평균선 설정법에 대해 말씀드리겠습니다.

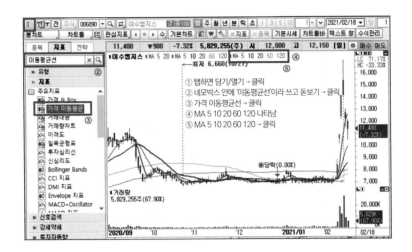

다음 차트의 1~5번까지 설정하셨다면, 5번을 클릭하면 아래
창이 나타납니다.

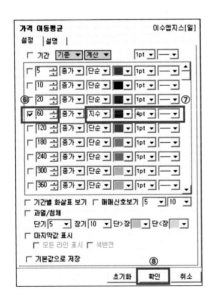

왕초보 투자 가이드 주식 투자 스타트업

5일선, 10일선, 20일선, 60일선, 120일선이 체크되어 있으면 나머지는 제외시키고 60일선만 체크한 후, 단순 이동평균선을 지수 이동평균선으로 바꿔 설정한 다음, 색상과 선 굵기를 선택하고 확인을 클릭하면 60일 지수이동평균선이 설정 완료됩니다.

일반적으로 주가가 저가권(바닥권이라고도 함)에서 횡보하면 더 이상 매도 세력이 없다고 판단하며, 고가권에서 횡보하면 더 이상 매수 세력이 없다고 판단합니다. 따라서 저가권 횡보는 상승 전환 시점이 임박했다고 보며, 고가권 횡보는 하락 반전 시점이 임박했다고 볼 수 있습니다.

주가가 횡보하는 종목 중에서 관심을 두는 것은 바닥권에서 횡보하는 종목을 말합니다. 주가가 횡보하는 종목 중에서 관심을 두는 것은 바닥권에서 횡보하는 종목을 말하며, 바닥권 횡보 종목이 모두 상승 가능성을 가진 것이 아니므로 거래량, 재무 상태 등을 동시에 분석하며 투자에 임하시기 바랍니다.

투자 기법의
기술

매매 기법을 만들어야 주식 시장 상황에 따라 흔들리지 않고 수익을 낼 확률을 올릴 수 있습니다. 주식 투자를 하다 보면 객관성을 잃고 주관적인 생각에 빠져 많은 손해를 보는 투자자들이 많습니다. 보통 주식을 매수하면 목표 가격까지 도달해서 수익이 나면 매도하겠다는 계획을 세웠더라도 조금 더 오를 거 같은 마음에 계속 보유하고 있다가 오히려 고점을 찍고 손해를 보는 경우도 있으며, 하락하는 때 역시 손실률을 정해놓았어도 하락했다 상승하겠지 하는 마음에 버티다가 주가가 반 토막 나는 경우도 많습니다.

자신만의 투자 기법을 마련하고 객관적인 시장 판단으로 대응해야 수익을 낼 수 있습니다. 하지만 이런 자기만의 매매 기법을 완성하기는 쉽지 않습니다. 공부하고 또 공부해야 합니다.

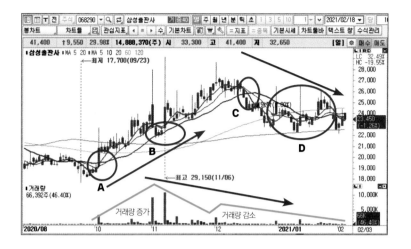

　차트를 보고 어느 지점에서 매수해서 어느 지점에서 매도해야 되는지 생각해보시기 바랍니다. 판단하는 기준에 따라 달라질 수 있습니다. 결과에 따라 수익을 청산하는 분과 손실을 청산하는 분으로 나뉠 것입니다.

　기본적으로 A지점을 매수 타이밍으로 설정한다면 왜 그럴까요? 5일 이동평균선이 20일 이동평균선을 돌파하게 되면 진입한다는 것을 기준으로 한다면, A지점이 매수 타이밍이 될 것입니다. 그렇다면, 기준과 원칙이 무엇일지 생각하게 될 것입니다.

　A지점에서 기준이 20일선 돌파를 기준으로 매수 타이밍이 된다면 매수하기 위한 기술적 분석의 기준이 될 것이며, C지점에서 매도하는 기준이 될 것입니다. 이런 기준은 기술적 분석의 기준이 있으면 됩니다.

그렇다면 B지점은 어떻게 대응하면 될까요? 주식 초보자들은 B지점이 붕괴될 위험이 있다고 판단해 보유 물량을 매도하거나 신규 매수는 어렵다고 생각할 수도 있습니다. B지점은 보통 트랩이라 합니다. 차트를 보시면 전날 장대음봉이 형성되면서 음봉으로 20일 이동평균선을 붕괴시키려는 의도가 다분하게 보입니다. 이렇게 주식 시장에서 매매하다 보면 상승하던 주가가 지지받던 이동평균선을 바로 붕괴라도 할 것처럼 겁을 줍니다. 하지만 원칙 있는 매매를 한다면 심리적으로 안정을 찾으면서 흔들리지 않을 것입니다.

C지점에서는 20일 이동평균선이 붕괴된 패턴으로 매도 시점입니다. 매수와 매도는 진입 기준이 없다면 대응이 필요합니다. A, B, C지점에서 기술적 분석으로 20일 이동평균선으로 매수와 매도 시점을 찾았다면 D지점은 힘든 매매가 될 수 있습니다. 기준과 원칙을 가지고 매수·매수 타이밍으로 대응한다 해도 모든 구간에서 적용할 수 없다는 것을 알아야 합니다.

자기만의 기법을 만들었다면 패턴마다 적용했을 때 승률이 좋을 때와 승률이 안 좋을때가 나타날 것입니다. 그럴 때마다 체크해서 적용하고 또 적용하는 습관을 길러야 합니다. 자신만의 기준과 원칙을 만들어 성공하는 주식 투자를 할 수 있기를 바랍니다.

이동평균선을 이용한 매매 전략

주식 투자에서 이동평균선은 거래량과 함께 기술적 분석의 기본입니다. 이동평균선과 거래량, 이 2가지만 파악해도 기술적 분석을 잘 알고 있다고 볼 수 있습니다.

먼저 기술적 분석에서 이동평균선을 이용하면 매수하고자 하는 종목이나 보유 중인 종목에 대해 스스로 의사결정을 할 수 있습니다. 이동평균선의 기울기, 이동평균선들의 배열, 거래량을 분석하면 매수·매도 타이밍을 판단할 수 있습니다.

이동평균선을 이용해서 매수 시점과 보유, 매도·매수 확대 등의 매매 기법을 차트를 통해서 분석해보겠습니다.

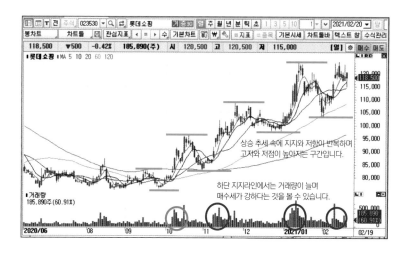

롯데쇼핑(023530)의 일봉 차트입니다. 75,000원대의 주식이 125,000원대까지 상승하는 동안 이동평균선을 통한 매매 전략을 세워보겠습니다. 9월 중 이동평균선이 수렴되면서 5일선이 상승하는 골든크로스가 발생했습니다. 매수 초기 단계입니다. 70,000원대에서 횡보하던 주가는 다시 상승하다가 5일선이 하락했지만, 20일선의 강력한 지지를 받은 후 급격하게 상승하는 고가놀이를 보여줍니다. 매수 유지 또는 매수 확대 구간입니다.

2020년 10월 말일 중 5일선이 20일선을 하향이탈하는 데드크로스가 발생합니다. 당연히 매도 시점입니다. 하지만 매수 세력이 만만치 않아 이후 이동평균선이 수렴되면서 에너지 축적 과정을 보이고 있습니다. 수렴하던 이동평균선은 5일선이 상향하면서 다시 골든크로스가 발생합니다. 매수 시점입니다. 상승하는 주가는 조정을 겪지만 20일선의 지지를 받으며 재상승합니다.

주식에서 성공하기 위해서는 기다림의 미학을 알아야 합니다. 75,000원대의 주식이 125,000대까지 오르면 많은 투자자들은 중간에 추가 상승을 기다리지 못하고 보유 물량을 매도하는 성향이 강합니다. 5일선이 급격하게 하락하지만 20일선에서 지지를 받거나 60일선 지지를 받습니다. 중요한 것은 5일선이 하락 시 20일선이나 60일선의 기울기를 확인해야 합니다. 여기서 중장기 이동평균선은 상승 추세로 돌아서 있어 조정 시마다 이동평균선의 지지가 강하게 작용하고 있습니다.

12월 중 5일선이 20일선을 다시 붕괴시키는 데드크로스가 발생해 매도 시점을 알리지만, 60일선의 기울기가 지속적으로 상승세를 보임으로써 2021년 1월까지 상승 추세로 돌아서면서 상승 작용했습니다. 장기 이동평균선인 60일선의 기울기를 눈여겨보면 이동평균선이 수렴되면서 기울기가 완만한 경우 대응 전략은 장기적인 관점에서 매수입니다. 거래량을 보더라도 주가 상승 시 증가하다가 다시 급감하는 모습입니다.

┃ 체크포인트 ┃

- 단기·중기·장기 이동평균선이 수렴하는 구간은 매수 또는 매도 고려 시점
- 단기 이동평균선이 중장기 이동평균선을 상향돌파 시 추가 상승이 예상
- 장기 이동평균선의 기울기가 가파른 경우 단기 매매 전략을, 완만한 경우 장기 매매 전략을 취함
- 주가가 이동평균선 아래로 하락하면 매도 관점, 이동평균선 위로 상승하면 매수 관점으로 봄

다음은 복잡하고 어지럽게 얽혀 있는 장단기 이동평균선의 교차 이후의 주가의 움직임을 보면서 매매 시점을 선택 또는 매수 또는 매도 결정을 차트를 통해서 판단해보시기 바랍니다.

[차트 1]

[차트 2]

[차트 1]은 LG전자 일봉 차트이고, [차트 2]는 이수화학 일봉 차트입니다. 두 차트 모두 이동평균선의 지지를 받으며 저점을 높이는 상승 추세를 보이고 있습니다. 어떤 차트가 좋을까요?

[차트 1] 눌림 이후 패턴

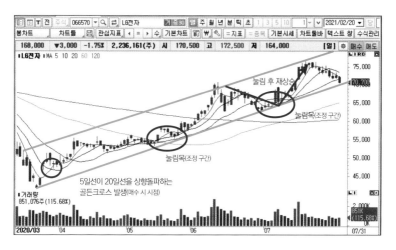

[차트 1]에서 5일선이 20일선을 상향돌파하며 주가가 상승하는 골든크로스를 확인할 수 있습니다. 바로 매수 시점입니다. 이후 주가는 추세대를 형성하며 상승한 후 추세대 하단에 닿으면서 지지를 형성하며 상승하는 모습을 보여주고 있습니다. [차트 1] 그 이후를 보면 눌림목 조정 구간에서 5일선이 20일선을 다시 상향돌파하는 골든크로스가 발생하며 상승 추세를 지속합니다. 주가는 65,000원대에서 75,000원대까지 상승했습니다.

- 단기 이동평균선이 중장기 이동평균선을 하향이탈 시 추가 하락이 예상됩니다.
- 단기 이동평균선이 중장기 이동평균선을 상향돌파 시 추가 상승이 예상됩니다.
- 추세대가 무너지지 않을 경우 추세대 하단이 매수 시점입니다.
- 추세대가 무너지지 않을 경우 추세대 상단이 매도 시점입니다.

[차트 2] 눌림 이후 패턴

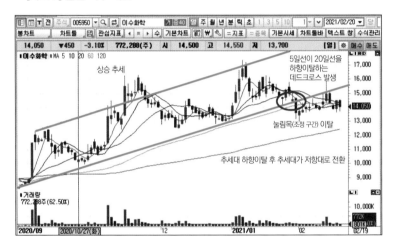

    [차트 1]이 추세대 하단과 20일 이동평균선의 강한 지지를 받은 반면, [차트 2]는 추세대 하향이탈과 5일선이 20일선을 하향이탈하는 데드크로스가 발생합니다. 매도 시점입니다.

    주가와 이동평균선의 위치를 비교해 지지와 저항을 예측할 수 있습니다. 이러한 지지선과 저항선은 실제로 주식을 매매할 때 중요한 판단 기준이 됩니다.

급등주 눌림목 단기 매매 기법

상한가 2~3일 이상 포함해서 연속 5일 이상 상승한 종목에 주시해야 합니다. 급등주의 90% 이상은 통상적으로 2~3일 하락후, 다음 날에는 장중 반등을 크게 나오는 원리입니다. 눌림목의 중요성은 바로 앞의 전저점이 바닥을 확인했다는 의미에서 무엇보다 중요하며 상승을 위한 진정한 눌림인지, 물량 정리 차원의 전환점인지 살펴야 합니다.

눌림목 시점을 잡을 때는 거래량과 일봉으로 매수 신호를 잡고 분할매수하는 전략입니다. 일봉상의 매수 신호는 양봉의 출현이며 주가의 전저점이 지켜집니다. 여기서 주가는 잠시 쉬어가는 눌림목이 나타나는데, 이때가 매수 시점입니다.

| 실전 예시 ① |

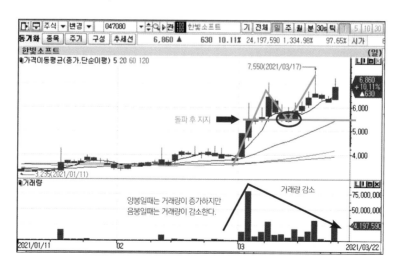

앞 차트를 보면 거래 바닥이 한동안 지속하다가 증가하는 모양
이 뚜렷이 나타나고 며칠 거래량이 증가하다가 다시 바닥 수준
으로 감소합니다. 중요한 것은 양봉일 때는 거래량이 크게 증가
하지만, 반대로 음봉일 때는 큰 차이로 감소한다는 사실입니다.

1차 상승 시 단기차익의 물량이 정리되고 그 물량을 매수해
시중에 내놓지 않으니 당연히 거래량은 줄고 시장에는 작은 거
래량만 유통되는데, 이유는 더 오를 것이라고 생각하고 기다리
다 주가가 조금씩 내려앉으니 불안해서 작은 수익에 만족하거
나 아니면 손실을 보고 매도하는 물량이기 때문입니다. 거래량
이 다시 감소하면서 바닥 수준으로 복귀한 뒤에 나타나는 양봉
이 매수 신호이며 상승의 출발점입니다. 이제는 상승할 때 나올
수 있는 물량은 거의 정리가 되었으며 2차 상승을 위해 방향을
돌리는 시점입니다.

| **실전 예시 ②** |

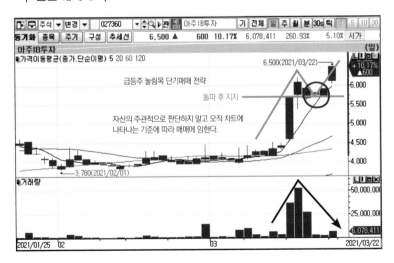

강력한 매수 세력을 동반하고 있음이 예상될 때 이전 고점에 가깝게 상승 시점이 아닌, 고점을 돌파한 후 이후 나타나는 눌림목에서 매수하는 것이 안전하고 좋습니다.

| 실전 예시 ③ |

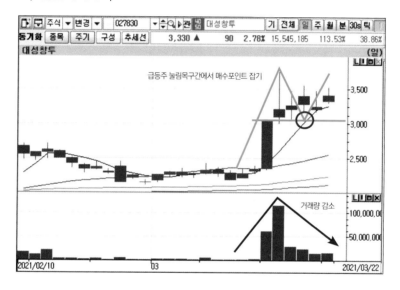

눌림목 매매는 손절가가 짧기 때문에 손실 또한 최소화할 수 있는 것이 가장 큰 장점입니다. 고점에서 물려서 내려오는 경우가 없으며, 안정적인 주가 매수 범위에서 등락을 반복하다가 시세를 주는 패턴으로 이어질 확률이 높기 때문에 안전하게 매수할 수 있습니다.

4등분선 매매법

주가의 현재 위치가 어디인가를 살펴봤을 때, 여러 가지 기술적 지표를 적용해도 모를 경우에는 단기가 되었든, 중장기가 되었든 일단 저점과 고점의 4등분선을 그어서 보면 한눈에 알 수 있습니다.

이 방법을 이용하면 매매급소를 발견할 수 있다는 장점이 있고, 추세가 꺾인 종목인지 알 수 있기에, 원리를 이해하면 매매하는 데 많은 도움이 될 것입니다.

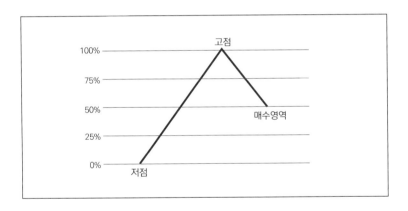

주가의 현재 위치가 저점에서 고점까지 상승했다고 가정할 때, 이 종목을 매수하고 싶다면, 조정 구간을 기다립니다. 하지만 조정이 어디까지 내려올지는 아무도 모릅니다. 그래서 저점부터 고점을 연결한 4등분선을 그어놓고 중심선 근처까지 내려오기를

기다립니다. 50% 중심축까지 조정이 이루어지고 지지력이 확인
된다면 1차 매수가로 설정하고 대응합니다. 만약 중심축을 붕괴
한다면 25%선까지 열어놓고 분할 매수 전략으로 대응합니다.

보통 3번으로 나눠서 매수하는데, 중심값을 이탈했다가 다시
중심값을 뚫고 올라설 때 3차 매수를 하게 되면 매수 평단가는
중심값 근처가 되어 제대로 된 매수 급소의 공략임을 알 수 있
습니다.

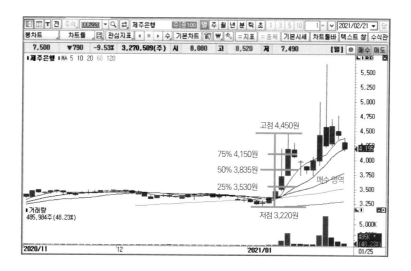

제주은행의 차트입니다. 어디에서 매수해야 할까 고민되는 부
분에서 4등분선을 그어보니 한눈에 매수 급소가 보입니다. 정
확히 50% 중심축인 3,835원 전후입니다. 매수 영역을 50% 중

심축인 3,835원대부터 25% 축으로 3,530원대까지 정해놓고 매수하는 방법입니다. 목표값을 설정하는 방법은 일단은 전고점 4,450원 부근이 1차 목표가입니다. 하지만 대량 거래량이 동반하며 전고점을 돌파한다면 보유입니다.

그때는 추가적으로 홀딩하는 전략이며 미리 전략을 세워 대응하시기 바랍니다. 파동의 고가, 저가, 중심값, 고가와 중심값의 반, 저가와 중심값의 반, 5개의 선으로 이루어집니다. 5개의 선은 각각의 지지 및 저항이 되는 중요한 선입니다. 차트에서 모든 지표를 다 없애고 4등분선을 설정해 주가의 위치를 보면 매매 타이밍의 기준이 됩니다.

확률 높은 눌림목 매매 기법

눌림목은 상승하다가 조정을 받으면서 마치 눌린 듯한 모습을 보이는 구간을 말합니다. 눌림목은 비교적 저가에서 매수한 투자자들의 차익 실현 시 또는 메이저들이 주가를 낮춰 추가적으로 물량을 확보하면서 생기는 패턴이라 말할 수 있습니다. 박스권을 상향돌파하거나 바닥을 충분히 다진 주가가 거래량 증가를 가져오며 단기간 급등한 다음에는 차익 실현을 위해 매물을 소화하는 일정폭의 단기 조정을 거치는데, 이때 매수 타이밍을 잡는 방법입니다.

실전에서 눌림목은 6~12개월 고가를 돌파한 종목에서 찾는 게 좋다고 볼 수 있으며, 이 기간 동안 저항대를 돌파한 후 눌림을 형성하는 종목을 선택하고 매수에 임합니다.

차트를 보면 초보 투자자들은 (1)의 타원 부분에서 매수하지만, 기간적으로 고점을 돌파하지 못하고 다시 눌림이 나오는 패턴이 유지됩니다. (2)는 고수 투자자들의 매수 포인트에 해당됩니다. 차트의 왼쪽으로 선을 이은 곳을 보면 예전 고점 부분의 큰 저항까지 돌파한 후, 눌리는 지점에서 확률과 승률 면에서 높습니다. (1)보다는 (2)가 주가 상승 탄력도가 훨씬 크며 상승 속도 또한 빠르다는 것을 알 수 있습니다.

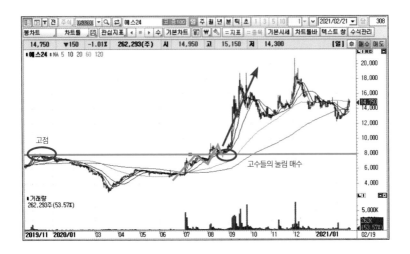

돌파를 확인하고 매매에 임하는 게 좋습니다. 미리 돌파를 예
상하고 매수하거나 돌파 시점에 매수하는 경우가 많지만 대부
분 돌파를 못하고 재하락하거나 돌파하는 모습을 보이다가 곧
장 다시 하락하는 경우가 훨씬 많습니다.

저항선을 여러 번 돌파하는 모습을 보일 때 미리 돌파를 예상
하는 것보다는 돌파한 모습을 완전히 확인하거나 완전히 돌파
한 이후 재하락해서 돌파한 지점으로 하락했다가 재상승하려는
시점에서 매수하는 게 좋습니다.

보조 지표를 이용한 매매법(MACD를 이용한 방법)

주식을 싸게 사서 비싸게 팔려고 할 때 어려운 점은 매수와 매도 타이밍입니다. 투자자들은 그 타이밍을 잡기 위해서 다양한 기술적 분석을 활용하는데, 가장 많이 사용하는 게 이동평균선입니다. 이동평균선의 단점은 주가가 지나간 자리를 그려주는 후행 지표입니다.

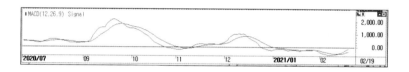

· **MACD 곡선** : 단기 이동평균선(12일) – 장기 이동평균선(26일)
· **시그널 곡선** : N일(9일) 동안의 MACD 지수 이동평균

가장 기본적인 MACD를 이용한 매매법은 MACD 곡선이 시그널 곡선을 상향돌파할 때 매수하고, 하향돌파할 때 매도하는 교차매매법입니다. 하지만 그냥 MACD에 대한 정확한 이해 없이 교차 매매와 같은 기계적 매매를 통해서는 거짓 신호에 속아 신뢰도를 잃어버릴 수 있습니다. 보조 지표는 어디까지나 '보조' 지표입니다. 주식 매매의 절대적인 지표가 되지 못합니다.

MACD를 통한 투자 매매 전략은 크게 3가지로 볼 수 있습니다.

첫번째로 위에 설명했던 것과 같이 시그널 신호와의 교차를 통한 매매법입니다.

두 번째 매매법으로는 MACD선이 0선을 상향돌파할때 매수, 하향돌파할때 매도하는 '0선 기준 매매법'입니다.

세 번째 매매법은 다이버전스 매매법입니다.

다이버전스를 이용한 매수 타이밍은 지속적인 다이버전스가 발생하면서, MACD가 0선을 돌파해 추세가 전환되는 그 시점이 매수 타이밍이라고 할 수 있습니다.

RSI 지표의 실전 사용법

기본적으로 14일 기준 RSI(14)와 9일 기준인 Signal(9)을 제공하며, 이 두 선이 크로스될 때 매수·매도 타이밍으로 사용할 수 있습니다. 하지만 너무 잦은 매매를 유발시킬 수 있다는 것이 단점입니다.

RSI 다이버전스가 발생하며 저점이 높아지는 구간이 발생하나, 주가는 수렴구간으로 진행되는 구간이 발생했습니다. 하지만 그 이후 5일선이 상향돌파하며 상승 추세로 전환되는 구간을 만들어주었습니다. 여기서 주가 수렴구간 3,000원 초반대에 머물던 주가는 저점을 이탈하지 않고 지지대를 형성하며, RSI 지표는 저점이 높아지는 다이버전스가 발생하는 구간으로, 주가 흐름은 상승할 수 있다는 신호를 보내고 있으므로 매수 타이밍입니다.

볼린저밴드를 이용한 매매 기법

볼린저밴드는 추세 중심선과 상단, 하단밴드의 3가지로 구성되어 있습니다. 볼린저밴드의 밴드는 20일 이동평균선과 중심선에서 표준편차×2를 더한 상단밴드, 차감한 하단밴드로 구분됩니다. 실제로 기술적 분석을 하는 사람들이 많이 쓰고 있는 지표 중 하나입니다. 밴드를 통해 현재 주가가 어떤 추세에 있는지(추세 중심선), 최근 주가의 변동성(밴드의 넓이), 그리고 가장 중요한 맥점을 실전에서 찾을 수 있습니다.

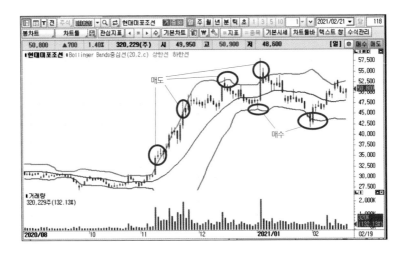

차트를 보면 볼린저 상단선을 터치하는 부분에 타원형이 그려져 있고, 하단선을 터치하는 부분에 타원형이 그려져 있습니다. 볼린저 상단과 하단을 주가가 넘어가는 경우는 5% 확률에 지나지 않습니다.

따라서 주가가 볼린저 상단을 넘어가 버린 경우, 바로 밴드 안쪽으로 돌아올 확률이 95%인 것입니다. 주가가 우상향으로 진행되는 상황 속에서는 저점에서 매수했다면 추세가 무너질 때까지 홀딩해도 되며, 볼린저밴드선이 옆으로 수렴 형태로 진행될 때는 상단선에서 추격매수 했다가는 당할 수 있다는 점에 주의해야 합니다. 빨간색 타원형을 그린 볼린저 하단선은 매수 시점입니다.

하지만 밴드 하단을 터치한다고 무조건 매수하면 안 됩니다. 음봉을 양봉이 인걸핑하는 형태, 즉 상승장악형 캔들이 출현했을 때 그때 밴드를 보고 매수 신호로 받아들여야 합니다. 밴드만 보고 매수 타점으로 보기에는 어렵습니다. 안전한 매수 방법은 볼린저밴드뿐만 아니라 다른 지표도 함께 확인하는 것입니다. 볼린저밴드는 정말 많은 투자자들이 사용하고 신뢰성이 높습니다. 하지만 볼린저밴드만으로는 한계가 있다는 것을 잊지 마시고, 여러 가지 지표를 결합해서 투자에 임하시기를 바랍니다.

20일선 돌파 단타 매매 기법

20일선은 세력선으로 어떤 종목이든 20일 이동평균선을 돌파해야 단기적으로 상승 추세로 전환했다고 볼 수 있습니다. 20일선 돌파 매매는 5일선 매매나 3일선 매매 대비 비교적 안전하다고 볼 수 있는 매매법입니다. 20일선 돌파 매매는 주가가 20일선을 뚫는 순간, 매수하는 것을 기본으로 생각하는 투자자분들이 많습니다. 하지만 뚫을 때 매수하는 것이 아니고, 20일선 부근에서 안전한 바닥을 형성했다고 판단될 때 매수하는 것입니다.

특히 20일선에서 긴 기간 동안 거래량도 없이 횡보하는 종목에 대해 안전하게 바닥을 형성했다고 보면 안 됩니다. 어떤 이유에서 횡보하는지 아무도 모릅니다. 왜냐하면 세력이 매집 후에 개인 투자자의 물량 털기를 위한 횡보 기간일 수도 있으며, 횡보 후 하락하는 종목일 수도 있습니다. 20일선을 돌파하는 종목 중에 수급이 좋은 종목을 선택해 안전하게 투자에 임하는 게 정석입니다.

당일 3분봉상 20일선 돌파지지하는 종목 선정
거래량이 많아야 합니다(수급).
주가가 5일선 위에 있으면 더 좋습니다.
시장의 이슈가 있는 종목일수록 확률이 좋습니다.
20일선의 기울기가 상승하는 종목 선정

　　3분봉상 20일선을 돌파하는 종목들이 하루에도 많이 있습니
다. 장 개시 이후 수급이 활발한 종목으로 20일선을 돌파 지지
가 되는 종목들은 단기 상승 추세로 전환하게 됩니다. 20일선 돌
파 매매는 당일 단타 기회도 많습니다.

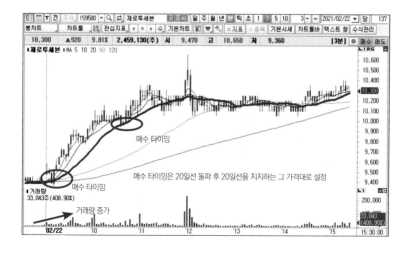

매수 타이밍은 20일선 돌파 후 20일선을 지지하는 그 가격대로 설정

차트의 종목도 20일선 기울기가 우상향으로 상승전환했다고 볼 수 있으며, 20일선을 돌파했다는 것과 20일선을 지지로 주가가 상승이 가능한 패턴입니다.

| 3분봉 20일선 돌파 단타 종목 선정 방법 |

· 당일 3분봉상 20일선을 돌파하는 종목 선정
· 거래량이 많아야 한다(수급).
· 20일선 기울기가 우상향이나 수평횡보인 종목
· 테마주나 인기주로 시장의 이슈 종목이면 더 좋다.
· 주가는 5일선 위에 있으면 좋다.

추세 작도를 통한 차트 분석 방법

기본적으로 추세선을 작도함으로써 매매 전략의 수가 늘어나기 때문에 추세선의 작도법은 알아두면 매매할 때 효과가 클 것입니다. 사용자의 작도에 따라 약간이라도 작도가 어긋나면 이에 따른 오류가 생길 수 있습니다.

가격은 일정한 상승과 하락을 하며 움직이게 되는데, 특정 각도를 유지하며 추세를 띠게 됩니다. 또한 작도가 정확하더라도, 휩소와 같은 개인 투자자들을 털어내고 휘두를 수 있기 때문에 여러 가지 상황도 고려해야 합니다.

작성 방법은 추세대는 주 추세선과 보조 추세선으로 구성됩니다. 주 추세선은 상승 추세일 경우, 저점들을 이어서 그리고 하락 추세일 때는 고점들을 이어서 그리면 됩니다. 그리고 보조 추세선은 주 추세선에 평행하게 반대쪽에 그리면 됩니다.

Part 02
실전편

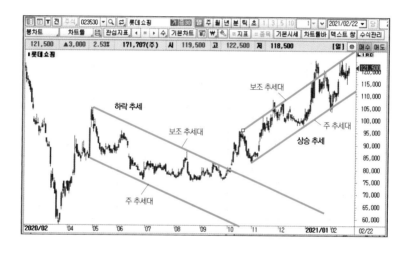

차트를 보면 상승, 하락의 등락 폭을 선으로 그은 것이 추세선입니다. 가격은 아래, 위로 서로 평행한 2개의 추세선에서 움직이게 되며, 추세대는 가격 움직임이 추세선을 따라 일정한 가격 안에서 움직일 때 그려지는 선을 의미합니다. 각각의 추세선의 의미는 지지선과 저항선입니다. 작도법은 상승 추세일 경우는 저점들을 이어서 선을 연결하고, 하락 추세일 경우는 고점들을 이어서 선을 연결하면 됩니다. 보조 추세선은 주 추세선과 평형하게 반대에 선을 이어 연결하면 됩니다.

시세의 출발 지점에서 시작해 눌림 조정의 저점을 이어서 연결한 선을 주 추세선(가장 지지가 심하게 발생한 곳)이라고 함

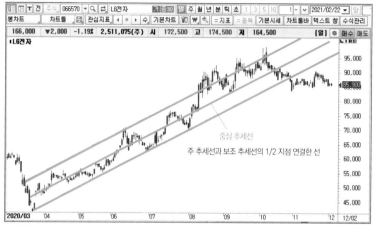

시세의 첫 고점과 고점을 연결한 선을 보조 추세선(가장 저항이 심하게 발생한 지점)이라고 함

　　다음 차트 그림을 보면 하단 주 추세선에서 매수 타이밍을 설정했다면, 중심 추세선에서 매도 타이밍으로 기준을 잡을 수 있게 활용할 수 있으며, 주 추세선의 지지가 강했던 지점과 보조 추세선의 저항이 심했던 지점은 추세 기간이 길수록 추세선의 신뢰도는 더욱 높다고 볼 수 있습니다.

상승 중일 때 신저점을 만드는 지점과 연결해 작도합니다. 반대로 하락 중일 때에는 조정 시 발생하는 신고점을 연결해 작도합니다.

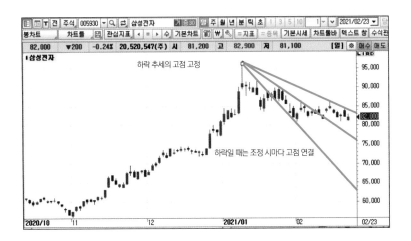

작도법은 주가의 방향과 위치를 잘 보여줍니다. 작도법을 사용하는 이유는 지지와 저항, 이탈을 보는 관점이며, 추세선에 주가가 근접할 때 추세반전인지, 현 추세를 유지하는지 살펴 매매 타이밍을 노려볼 수 있습니다.

다음 페이지의 차트는 상승 추세 속에 추세 지지대를 이탈하는 모습을 보여주고 있습니다. 그 이후 주가는 어떻게 되었을까요?

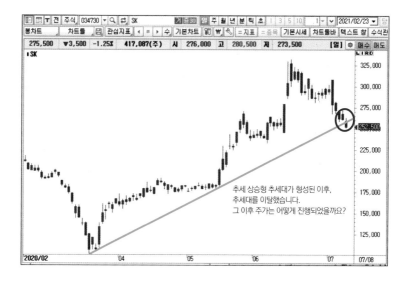

추세 상승형 추세대가 형성된 이후,
추세대를 이탈했습니다.
그 이후 주가는 어떻게 진행되었을까요?

위 차트의 추세대 이탈 이후 패턴

이탈

추세대 이탈 이후 주가는 하락 추세로
추세반전된 형태를 보여주었습니다.

추세선은 세력의 의도에 따라 의미가 얼마든지 달라질 수 있습니다. 이렇게 갑작스러운 지지선 이탈은 생각보다 자주 일어납니다. 주가가 순간 이탈했다가 지지선 위로 올라와 지지받는 모습을 보였다면, 지지선은 유효합니다. 추세 작도를 그려 지지선에 맞는 매매 전략을 세운다면, 좀 더 안전한 매매가 가능해질 것입니다.

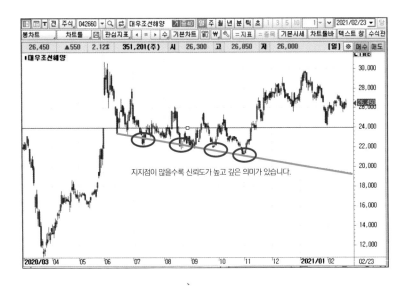

지지점이 많을수록 신뢰도가 높고 깊은 의미가 있습니다.

위의 차트 그림을 보면 하락 추세 속에 지지대는 저점이 많습니다. 또한 지지대를 이탈했다가도 다시 올라타는 패턴을 보여주고 있습니다. 추세대의 지지는 매수 대기자들이 많다는 것입니다. 차트 그림을 보면 지지대에 내려오면 연속해서 급반등이 나오고 있습니다. 그만큼 지지대의 신뢰도가 높아진다는 것입

니다. 추세대를 시작점을 어디를 정해서 연결하냐에 따라 다양
한 형태의 포인트로 매매에 임할 수 있습니다.

위의 차트 그림을 보면 많은 추세선을 연결해서 만들어낼 수
있습니다. 그러나 적당히 걸러낼 수 있는 실력을 쌓아야 합니다.
의미가 없는 추세선까지 연결해서 매매 타이밍에 혼동을 초래
할 수 있기 때문입니다.

추세 작도를 그리는 것은 수많은 기술적 분석·보조 지표를 설
정해서 매수·매도 타이밍을 잡아도 좋습니다. 하지만 스스로가
만들어가는 지표가 하나쯤은 있다면 기술적 분석의 오류에서

한 번 더 지표들의 변화를 되새겨보게 되고, 객관적인 판단으로 차트 분석을 하게 되어 재검증하는 데 큰 도움이 됩니다.

차트 작도는 조금만 노력하면 쉽게 배울 수 있고 기술적 분석 면에서 활용 가치가 큽니다. 차트 작도를 꾸준히 익히는 과정에서 기술적 분석 실력이 느는 것을 깨달을 수 있을 것입니다.

다우 이론

다우 이론의 기본 개념

다우 이론은 찰스 다우(Charles Dow)에 의해 19세기 후반에 창시되어 지금까지 이어져온 마켓 분석 원리 중 하나입니다. 찰스 다우가 한 일을 살펴보면, 1882년에는 에드워드 존스(Edward Jones)와 찰스 버그스트레서(Charles Bergstresser)와 함께 다우존스를 설립했으며, 현재 세계에서 가장 영향력 있는 경제 전문지인 〈월스트리트〉 저널과 다우존스 지수를 만들었습니다.

다우 이론을 정확히 이해하면 트렌드 분석력이 높아지고, 실제 트레이딩을 해야 할 자리나 하지 말아야 할 자리를 판단하는 능력이 높아집니다. 이러한 다우 이론은 테크니컬 분석의 원조라고 불리고 있습니다.

다우 이론의 기본 원리는 다음과 같습니다

첫째, 평균값은 모든 것을 반영합니다.

이는 기술적 이론의 기본 전제 중 하나입니다. 물론 자연재해
는 예측하지 못하지만, 이러한 현상은 거의 즉각적으로 가격 움
직임에 반영됩니다. 모든 요인, 현상이 가격으로 전부 반영되어
있다는 의미이며, 가격 자체를 보면 마켓의 모든 상황을 알 수
있다는 말입니다. 하지만 가격 변동은 과거의 상태를 반영한 것
이며, 미래에 발생할 일까지 차트에 반영되는 것은 아닙니다.

둘째, 시장은 3개의 추세가 있습니다.

다우는 각각의 연속적인 상승 고점이 직전 고점보다 높은 곳
에서 끝날 때, 그리고 연속적인 상승 저점이 직전의 상승 저점
보다 높은 곳에서 끝날 때를 상승 추세로 정의했습니다. 그 반
대는 하락 추세로 정의합니다.

다우는 작용·반작용의 법칙이 시장에도 적용된다고 믿었습니
다. 대부분의 경우 어떤 주식이 고점에 이르면 얼마간 하락했다
가 다시 최고점 가까이 상승하며, 만약 이런 가격 움직임이 있
은 후 상승하지 못하고 다시 하락하면 얼마간 계속 하락할 가능
성이 크다고 보았습니다.

추세는 주추세, 중추세, 그리고 소추세의 3가지로 나뉩니다. 중추세는 주추세를 교정하는 단계로, 보통 3주에서 3개월간 지속됩니다. 일반적으로 주추세의 1/3~2/3까지 되돌림이 발생합니다. 대부분의 경우는 직전 추세의 50% 정도까지 조정됩니다. 소추세는 일반적으로 3주 미만 동안 지속되며, 중추세에서는 가격 등락을 나타냅니다.

셋째, 주추세는 3단계로 이루어져 있습니다.

주추세는 축적 단계, 대중 참가 단계, 분배 단계로 나뉩니다. 축적 단계는 투자자가 정보를 근거로 매수하는 것을 말합니다. 대중 참가 단계는 가격이 빠르게 상승하고 좋은 뉴스가 퍼질 때 시작됩니다. 기술적 분석가들이 참가하는 단계입니다. 마지막 단계인 분배 단계는 하락 시장의 바닥에서 매수했던 정보를 가진 투자자들이 다른 사람들이 팔기 전에 팔아 치우는 단계입니다.

넷째, 평균 지수들을 반드시 서로 확인합니다.

두 평균 지수 모두 같은 신호를 나타내고 서로 확인하기 전까지는 중요한 상승 또는 하락 신호가 발생할 수 없습니다. 예를 들면, 코스피 지수와 코스닥 지수가 모두 상승 추세를 보여야 합니다. 상승 시장의 시작 또는 지속을 확인하기 위해서는 두 지수 모두 직전의 고점을 반드시 돌파해야 합니다. 신호가 반드시 동시에 발생하는 것은 아니지만, 신호 발생 시간 간격이 짧을수록 두 신호는 더욱 강한 확인을 나타냅니다. 그리고 이 지수들이 엇살리는 경우, 직전 추세가 유지되고 있는 것으로 간주합니다.

다섯째, 거래량은 반드시 추세를 확인해야 합니다.
거래량은 반드시 주추세와 같은 방향으로 증가해야 합니다. 상승 추세에서는 가격이 상승하면 거래량 또한 증가하고, 가격이 하락하면 거래량은 감소합니다. 하락 추세에서는 가격이 하락하면 거래량이 증가하고 가격이 상승하면 거래량은 감소합니다. 다우는 거래량을 이차적 지표로 간주했으며, 매매 신호는 종가에 근거했습니다.

여섯째, 어떤 추세가 명확한 반전 신호를 보이기 전까지는 그 추세가 유효한 것으로 가정합니다. 어떤 방향으로 움직이고 있는 물체는 운동 방향을 바꾸기 위해 외부로부터 힘을 가하지 않는 한 계속 같은 방향으로 움직이려는 경향이 있습니다. 반전 신호를 알아내기 위해 여러 기술적 도구들을 이용할 수도 있지만, 한번 추세가 발생하면 일반적으로 추세는 계속될 확률이 높습니다.

주식 투자에서 성공하려면? 저평가된 가치주에 투자하라

가치주란 무엇인가?

가치 투자는 원래 벤저민 그레이엄(Benjamin Graham)부터 시작해 전설적인 투자가 워런 버핏으로 현재까지 이어지고 있습니다. 벤저민 그레이엄의 가치주 투자 방식은 현재 주가가 기업 가치에 미치지 못하는 경우에 매수해 기업 가치에 주가가 도달하면 매도하는 방식이며, 워런 버핏이 이를 응용해 가치주 투자의 판단을 현재 가치뿐만 아니라 미래 가치까지 판단해 가치주 투자를 이어가고 있습니다.

워런 버핏은 주식 투자에 대해 "좋은 주식을 사서 오를 때까지 기다린다", "주식 보유 기간은 길수록 좋다. 난 10살 때 산 주식을 아직도 보유하고 있다", "좋은 주식은 사서 평생 보유한

워런 버핏이 말하는 가치주 산정법	가치주는 언제 투자하나?
· ROE가 높은 기업 · 독점적 지위를 가지고 있는 기업 · 저평가된 기업	투자 대상 기업은 저평가라는 평가를 받고 있으며, 투자자에게 소외당할 때가 최적의 투자 시점
가치주 성과를 극대화하는 방법	**가치주의 투자 방식**
저평가된 주식의 단기 성과가 좋지 못한 것은 투자자가 비이성적 평가 및 잘못된 선입견에서 이유를 찾음. 다수의 평가를 재해석하고 기업을 신뢰하며 기다릴 때 좋은 성과를 기대할 수 있음.	· 역발상 전략 - 모두가 비관할 때가 최적의 투자 기회 · 매수만 생각한다 - 관심 종목의 저평가 여부

워런버핏이 말하는 가치주 투자

다"고 말했습니다. 가치주 투자를 정의하면 저평가된 기업이 본래의 '가치'를 인정받기까지 시간이 필요할 테고 기업의 가치를 인정받기까지 투자자는 인내와 끈기가 필요하다는 것입니다.

가치 투자 기법이라는 것은 시장의 변화에 상관 없이 좋은 주식을 사서 기다리는 것이니 개인 투자자들에게는 놀랍고도 믿기지 않는 논리이나 그것은 엄연한 사실입니다. 가치 투자도 주식 투자의 수많은 기법 중 투자라는 목적에 잘 부합하면서도 기업 선택을 잘한다면 성공 확률이 높습니다. 하지만 가치 투자는 좋은 주식을 싸게 사서 비싸게 파는 것이니만큼 기다림의 미학을 배워야 합니다. 쉽게 이해가 되지 않는 단순함 속에 깊은 진리가 숨어 있습니다.

주식 투자자들은 왜 가치주에 주목해야 하나?

개인 투자자들은 심리적으로 어느 종목에 강한 매수세가 유입되며 급상승하게 되면 매수의 유혹에 빠져듭니다. 반대로 개별주를 보유하며 급속도로 하락하면 공포심에 매도 주문(손절)을 내는 게 심리입니다. 내재가치가 아닌 수급에 따른 등락으로 인해 뇌동 매매에 앞장서게 되는 것입니다.

처음부터 일확천금을 노리고 변동성이 심한 종목, 상한가 종목 등만 추격하게 되면 자산뿐만 아니라 삶까지 잃을 수 있으니 뭐든지 첫발이 중요합니다. 차근차근 종목 공부를 해가면서 기

Part 02 실전편

Chapter 04 투자 기법의 기술 223

초를 다져가며 하는 안전한 매매가 자산을 지키는 지름길입니다. 과거 2000년대 초 시장은 박스권인데도 불구하고, 가치주의 대표격인 농심(2001년), 한국석유(2012년) 등은 시장 수익률을 초과하는 수익을 주었습니다.

| 가치주 예시 ① |

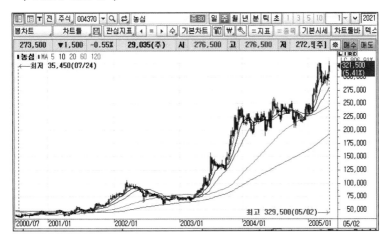

| 가치주 예시 ② |

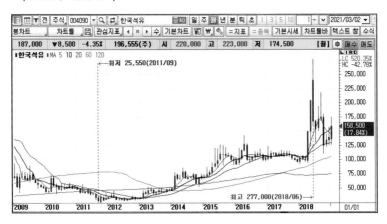

이런 놀라운 수익이 보여주는데 가치주에 주목하지 않는 투자자가 어디 있겠습니까? 지금도 가치주 투자는 시장 대비 초과 수익을 낼 수 있는 확률 높은 투자 방법 중 하나임은 틀림없습니다. 하지만 가치주라고 해서 모든 종목이 수익을 크게 낼 수 있는 것은 아닙니다. 시간이 지나면 나쁜 주식이 될 수도 있고, 좋은 주식이지만 그것을 알아보는 투자자들이 없어 주가가 상승하지 않을 수도 있습니다. 결국 가치주 투자는 절대로 한두 종목을 사서 보유하는 것이 아님을 기억하면서 '계란을 한 바구니에 담지 마라'는 가치주 투자의 원칙을 설명하는 증시 격언을 유념해야 합니다.

진정한 가치주 투자의 노하우는?

모든 투자자의 관심은 싸게 사서 비싸게 파는 것입니다. 그냥 좋은 주식이 아니라 오를 수 있는 주식입니다. 즉 오를 수 있는 좋은 주식을 찾아야 합니다.

주가를 구성하는 3가지 조건에는 기업 실적, 수급, 심리입니다. 기업 실적은 좋지만, 수급의 불균형과 매매 심리로 인해 시장에서 소외된 실적 대비 저평가된 주식을 찾는 것입니다. 가치주의 가장 기본인 기업의 이익과 자산 대비 가격이 저평가된 기업으로, PBR 1.5 이하, PER 4.0 이하, PSR 1.0 이하의 조건 안에 들어간 종목군을 선택하는 것이 기준입니다.

보편적인 수익가치의 평가 방법은 PER가 낮은 주식을 선정하는 것입니다. 'PER＝주가/EPS'라는 사실을 보면 주당 순이익 대비 주가 수준이 낮은 것이 향후 상승할 확률이 높습니다. 따라서 재무제표를 볼 때 EPS가 변동성이 심하지 않고 꾸준히 증가하는 기업은 안정적인 성장을 하고 있다고 판단할 수 있습니다.

그리고 ROE가 높은 기업이 좋은데, ROE는 통상 10% 이상 되는 기업이 좋다고 할 수 있습니다. 자기자본 대비 순이익이 은행 이자보다 낮은 기업이라면 투자의 가치가 전혀 없다고 볼 수 있습니다. 왜냐하면 은행 이자는 안정적인 반면, 주식 투자 자체는 리스크가 있기 때문입니다.

자산가치는 PBR 지표를 보면 됩니다. PBR이 1배 미만이라면 자칫 회사가 망하더라도 장부 가치에 남아 있는 것보다 주가 수준이 더 낮다는 의미입니다. 그만큼 리스크가 적다는 말입니다. 다만 PBR 투자의 맹점은 사양산업에 속하는 제조업체의 경우도 PBR 1배 미만인 경우가 많으므로 주도주군 내에서 종목을 선정하는 노력이 기본적으로 필요합니다. 따라서 상승장에서는 PBR이 2.5배 이하 수준이면 무난하고, 하락장이라면 PBR의 중요성이 더욱 부각되기 때문에 1~1.5배 미만 주식을 선정하는 것이 좋습니다. 실적이 개선된 시점에서 바로 주가 상승으로 이어지지는 않습니다. 실적 개선 외에 수급의 개선과 심리의 변화도 필요합니다.

실적 개선에 비해 저평가된 종목은 시장에 언제나 존재합니다. 우리는 이들 종목을 찾기 위해 노력해야 하며, 이런 노력의 결과가 제2의 농심, 한국석유 같은 가치 투자의 기쁨을 줄 것입니다.

Chapter 05 | 주식 시장 대세 판단 방법

우라가미의 장세 4단계 대세 판단

우라가미 구니오는 경제 실적과 금리 변화에 따른 자금의 이동이라는 2가지 변수로 주식 시장의 강세를 크게 4가지로 구분하고, 4가지 장세가 순환하며 진행된다고 주장했습니다.

가장 기초적인 개념은 주가는 사이클을 탄다는 것입니다. 이 사이클을 편의상 4단계로 나누었습니다.

1단계 – 금융 장세
경기가 좋지 않아 금리를 내리고 저금리 기조가 지속되는 국면입니다. 저금리가 지속되면서 시중 자금이 채권에서 주식으로 이동하며 주가는 대량 거래를 수반하면서 상승합니다. 경기나 기업 실적 호전이 아닌 증시로의 자금 유입으로 주가가 상승하기 때문에 금융 장세 또는 유동성 장세라고 합니다.

2단계 – 실적 장세

금융 장세 다음으로 실적 장세가 나타나게 됩니다. 경기가 바닥에서 서서히 호전되어가고 기업 실적도 개선되는 국면입니다. 경기 호전으로 기업의 자금 수요가 증가해 금리도 상승 추세로 전환됩니다. 기업의 실적이 호전되면서 주가는 본격적으로 상승합니다. 경기 호전과 주가 상승 뉴스로 일반 투자자들이 시장에 대거 참여하게 됩니다.

3단계 – 역금융 장세

실적 장세가 과열되면 역금융 장세가 옵니다. 경기가 과열되어 정부가 물가 안정을 위해 금리를 최고 수준으로 올리고 기업 실적도 점차 둔화됩니다. 금리가 최고 수준으로 상승한 후에는 채권 시장이 바닥을 칠 것이라 예측한 발 빠른 투자자들이 주식 시장에서 채권 시장으로 이동합니다. 따라서 주가도 대세 하락기에 접어듭니다. 경기는 아직 좋지만 주식 시장의 자금이 이탈해 발생하는 시장의 하락을 역금융 장세라고 합니다.

4단계 – 역실적 장세

주식 시장이 대세 하락기에 접어들고 본격적으로 주가가 하락하는 역실적 장세 국면에 접어듭니다. 이 시기에는 경기와 기업 실적이 악화되고 주가도 폭락 장세가 이어집니다. 경기 하락으로 기업의 자금 수요가 감소함에 따라 금리도 하락합니다. 정부에서 경기 부양과 주가 부양 대책을 내놓지만, 시장은 지루하게 하락합니다. 매스컴에는 연일 경제지표와 기업 실적이 나쁘다는 악재성 뉴스만 보도됩니다.

우라가미의 대세 4단계는 다우의 시장 6국면과 매우 유사합니다. 이 두 이론은 짧게는 1~2년, 길게는 3~4년의 사이클을 갖는 주가의 장기 파동, 즉 대세를 파악하는 데 참고가 됩니다. 대세가 파악되면 대세에 따라 증권 시장에 임하는 포지션이 달라져야 합니다.

엘리어트 파동 이론

엘리어트 파동 이론은 집단 심리의 시각적 표현인 가격 차트를 통해 과거 가격 움직임 패턴을 분석하고, 나아가 다양한 조건들 속에서 향후 가격이 어떤 움직임을 보일 것인지 설명하는 이론입니다.

파동 이론의 핵심 3요소는 패턴(상승 5파와 하락 3파), 비율(피보나치 수열과 반적의 적용), 시간(패턴과 비율 분석 정확성 검증)입니다. 이 중 가장 유용한 것은 가격 움직임을 규정하는 파동 패턴인데, 기본적으로 파동을 정의하고 분류하는 작업이 선행되어야 합니다.

　파동 이론의 가장 기본적인 형태는 5개의 상승 파동과 3개의 하락 파동이 반복되는 형태입니다. 여기서 3, 5, 8(3+5) 등의 숫자는 피보나치 수열에 등장하는 수들입니다. 파동은 크게 추세와 같은 방향을 가지는 충격 파동과 추세와 역의 방향을 가지는 조정 파동으로 구분되는데, 왼쪽 자료에서 1, 3, 5, a, c는 충격 파동이며, 2, 4, b 파동은 조정 파동이 됩니다.

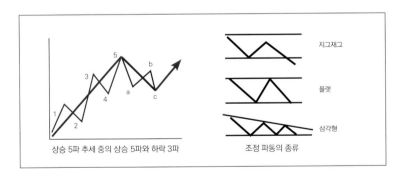

상승 5파 추세 중의 상승 5파와 하락 3파　　　조정 파동의 종류

　조정 파동은 일반적으로 3개의 내부 파동으로 이루어져 있습니다. 삼각형 패턴을 제외한 나머지 패턴은 3개의 내부 파동을 가지고 있으며, 내부 파동의 연관관계에 따라 지그재그, 플랫,

삼각형 등으로 분류됩니다.

파동 이론의 분석이 어려운 이유는 각각의 파동들이 더 작은 등급의 파동으로 이루어져 있으며, 다양한 변형을 가지고 있기 때문입니다. 이론적으로는 각 파동들이 무한히 작은 등급의 파동으로 세분화될 수 있습니다. 다음 자료는 상승 5파 중 조정 파동에 해당하는 2파와 4파의 내부 파동의 예를 보여줍니다.

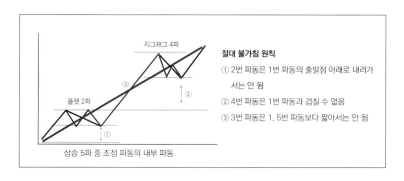

지그재그 4파

플랫 2파

①

②

③

상승 5파 중 조정 파동의 내부 파동

절대 불가침 원칙

① 2번 파동은 1번 파동의 출발점 아래로 내려가
   서는 안 됨

② 4번 파동은 1번 파동과 겹칠 수 없음

③ 3번 파동은 1, 5번 파동보다 짧아서는 안 됨

파동들은 다양한 변형과 복합적인 조합들로 구성되지만, 반드시 지켜져야 하는 원칙들이 있습니다. 엘리어트 파동 이론에서는 이를 '절대 불가침의 원칙'이라고 부릅니다. 이러한 과정을 통해서 충격 파동의 타당성 여부를 분석하고, 이를 이해하면 조정 파동으로 해석하는 과정을 거칩니다.

파동 이론은 가격의 진행 과정에 따라 여러 가지 가능성을 제시하기 때문에 숙련된 파동 이론 분석가들 사이에서도 종종 엇갈리는 의견이 도출됩니다. 그러나 가격 움직임이 전개되어가면서 실현 가능한 경우의 수는 점차 줄어들게 되고, 최종적으로 파동이 완성되는 순간에 파동 패턴은 확인됩니다.

주식을 처음 접하는 분들이나, 기존에 많이 접했던 분들이 필히 알고 넘어가야 하는 이론은 크게 3가지로 압축할 수 있습니다. 엘리어트 파동, 일목균형표, 피보나치 수열의 3가지만 잘 이해하고 있어도, 아니 한 가지만 제대로 이해하고 있어도 주가의 흐름을 가늠하는 데 큰 도움이 됩니다.

그런데 많은 개인 투자자들은 아무리 책을 읽고 이해해도 막상 장이 시작되면 알고 있는 것을 적절히 활용하지 못합니다. 바로 탐욕이라는 색안경 때문입니다. 물론 100%의 확률은 없기에 일종의 보조 지표처럼 여기면서 활용하는 매매 원칙을 갖는다면, 전혀 모를 때보다 마음 편히 매매할 수 있을 것입니다.

엘리어트(Elliott)는 자연현상이 모두 일정한 파동으로 이루어진다고 보았습니다. 그는 이 원칙을 기본으로 삼아 피보나치 수열에 의한 황금 비율 현상을 주가 파동에 도입해, 수치적으로 체계화하고 집대성했습니다. 과거 피타고라스 학파의 황금 비율 사상 및 피보나치 수열을 통해 미래를 예측하고, 그 변동성을 측정하려 한 그의 이론은 주식 시장에서 엘리어트 파동이라는 큰 이론으로 정립되었습니다. 참고로, 피보나치 수열은 수학자 피보나치(E. Fibonacci)가 고안해낸 것으로, 알고 보면 간단합니다.

1. 이어지는 앞의 두 숫자를 더하면 그다음의 숫자가 되는 수 배열이 됩니다.

1 + 1 = 2, 1 + 2 = 3, 2 + 3 = 5, 3 + 5 = 8⋯.

즉, 1, 1, 2, 3, 5, 8, 13, 21⋯ 등을 피보나치 수열이라 합니다.

2. 인접하고 있는 두 숫자의 비율은 앞의 수를 뒤의 수로 나누면 평균 0.618, 뒤의 수를 앞의 수로 나누면 1.618배입니다.

예) 2/3 = 0.6671, 21/34 = 0.618, 3/2 = 1.5, 34/21 = 1.618⋯.

3. 한 숫자를 건너 위의 수로 나누면 그 값이 평균 0.382에 수렴합니다.

예) 2/5 = 0.4, 3/8 = 0.375, 13/34 = 0.382⋯.

꼭 공식을 이해하지 않아도 됩니다. 그냥 이런 것이 있다는 정도만 알면 됩니다. 엘리어트 파동 이론은 대부분의 사람들이 알고 있으므로 간략하게 설명하겠습니다.

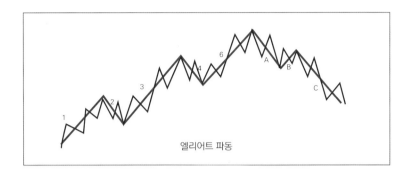

엘리어트 파동

　엘리어트 파동의 기본 파형입니다. 작은 소파동이 큰 대세 파동을 이루면서 상승 5파와 하락 3파를 만들면서 진행합니다. 상승 5파의 기본 내용에서 1번 파동은 추세가 전환되는 시점으로 하락 추세에서 상승 추세로 돌아서는 시점이며, 보통 작은 5개의 소파동으로 구성됩니다. 2번 파동은 조정 파동으로 1번 파동의 38.2% 또는 61.8% 비율만큼 되돌리는데, 편의상 50%의 절반 정도로 보면 무난합니다. 3번 파동은 5개의 파동 중에서 가장 강력하고 가격 변동도 활발하게 일어나는 파동으로, 길이도 전체 파동 중에서 길다는 특징이 있습니다. 4번 파동은 조정 파동으로, 3번 파동의 절반 정도만큼 되돌아가는데, 반드시 1번 파동의 초고점보다 높다는 특징이 있습니다. 5번 파동은 3번 파동에 비해 가격 움직임이 그리 활발하지 못하며, 거래량도 3번 파동에 비해 적게 형성됩니다. 보통 1번 파동과 비슷한 길이로 형성되거나 1번에서 3번까지의 61.8%만큼 형성되는 경향이 강합니다.

하락 3파에서 A파동은 상승 추세에서 하락 추세로 바뀌는 추세 전환의 파동으로, A파동이라고 생각되었던 기존의 움직임이 상승 추세로 돌아서면 기존 5파동의 연장이 될 수 있습니다. 그러나 대개는 하락세로 추세 전환이 될 확률이 높습니다. B파동은 A파동의 하락세에서 반등의 조정 파동으로 '무릎에서 사서 어깨에서 팔아라'라는 주식 격언에 해당되는 매도 구간입니다. C파동은 하락 파동의 마지막 파동으로, 거래는 활발하고 가격의 변동 폭도 크게 나타나게 됩니다. 하락 파동 중에 가장 길고, 강력한 하락세를 나타내기에 가격의 하락 추세가 지속될 것이라는 두려움이 심리적으로 지배하는 구간입니다.

코스피 차트로 공부해보겠습니다.

코스피 월봉으로 대세적인 엘리어트 파동이 잘 맞아떨어지는 모습입니다. 상승 3파가 더 긴 정석적인 엘리어트 상승 5파의 모습과 하락 3파 중에 C파형이 긴 정석적인 엘리어트 파동으로 움직이는 모습입니다.

주봉상으로 보면 작은 미세파동들이 모여서 하나의 커다란 엘리어트 파동을 형성해가는 것을 알 수 있습니다.

왕초보 투자 가이드 주식 투자 스타트업

일봉상에서 하락 3파가 끝나고 난 후 추세 전환을 하기 위해 가바닥을 형성한 후, 상승과 하락을 반복하면서 매물 벽을 소화해 진바닥을 만든 형태입니다. 이후 추세는 상승세로 돌아섰는데, 작은 상승의 파형을 만들었습니다. 1번보다는 3번이 더 긴 상승 5파의 원리에 의해 전문가집단이 두려워하는 급등세라 해도 아직은 상승 확률이 높다는 것을 알 수 있습니다. 어떤 이론이 적용되었든 현재의 상승세는 좀 더 지속되었습니다. 대부분 투자자들이 조정이 오면 매수하려고 하는 심리가 시장에 팽배해 있음을 세력들은 잘 알고 있습니다.

그래서 세력들은 2가지의 전략으로 나갑니다. 하나는 사고 싶어 도저히 못 견디도록 앞으로도 꾸준하게 상승세를 이끌어나가는 것입니다. 심리적으로 많이 올라서 도저히 사지 못하게끔 상승세를 유도해서 조정하면 사려는 많은 개인들이 포기하게 됩니다. 그러다가 더 큰 상승세를 만들게 되면 심리적으로 초조해집니다. 주위에서는 계속 수익이 났다는 소리가 들리니 참다 못해 결국엔 차트를 골라서 들어가게 됩니다. 세력들은 좀 더 끌어올린 후 고점에서 떠넘기면서 서서히 던지기 시작합니다. 어느 정도 차익 실현이 이뤄지면 패대기를 치면서 주가를 끌어내립니다. 늦게 들어온 개인들은 놀라지만 '반등하면 매도해야지' 하는 마음으로 기다립니다. 하지만 매도할 기회는 주지 않고 재차 추가 하락시켜 대부분의 개인 투자자들이 빠져나오지 못합니다.

다른 하나는 우선 조정을 하면서 눌림목을 만들고 살짝 끌어올려 매수세를 자극합니다. 그런데 개인들의 매수세가 강해지면 세력은 좀 더 주가를 끌어내려 손절해야 하는 상황으로 끌어내립니다. 개인들은 "에잇! 내가 사니까 떨어지네" 하면서 손절이나 투매를 합니다. 그렇게 세력은 물량을 다시 저가에 다 받아갑니다. 그리고 이후에 급등세가 나타나면 개인들은 또 한번 외칩니다.

"에잇! 더러워서. 내가 파니까 날라가네."

주식에서 절대적인 이론이나 매매 방법은 없습니다. 단지 참조해 어느 정도 대응을 할 수는 있습니다. 큰 숲을 보고 그 안의 작은 냇물이나 나무, 풀, 동물들과 곤충들의 세세한 부분까지 살펴본다면 주가가 일정한 룰을 지키고 있음을 알게 될 것입니다. 어제, 오늘, 내일의 오르고 내림만을 보는 것이 아닌 커다란 흐름이 상승세인지 하락세인지, 추세의 흐름을 제대로 파악하고 기술적인 급소를 공략한다면, 수익을 극대화할 수 있을 것입니다.

다우 6국면

앞에서 말했듯 다우 이론은 〈월스트리트〉 저널을 창간한 찰스 다우가 고안해낸 것으로, 주식 시장은 규칙적인 파동 운동을 그리면서 움직인다는 논리입니다. 다우 이론은 증권 시장의 순환 과정을 총 6개 국면으로 구분하는데, 강세 시장은 매집 국면, 상승(마크업) 국면, 과열 국면이고, 약세 시장은 분산 국면, 공포 국면, 침체 국면이 있습니다.

다우 이론에 의하면 주가는 매일의 주가 움직임을 말하는 단기 추세, 통상 3주에서 수개월간 지속되는 중기 추세, 1~10년에 걸친 장기적 흐름을 나타내는 장기 추세로 구분합니다. 또한, 새로운 중기 추세의 바닥점이 그 이전의 바닥점보다 높으면 장기 추세는 상승 국면으로 들어가고 있음을 말하고, 새로운 중기 추

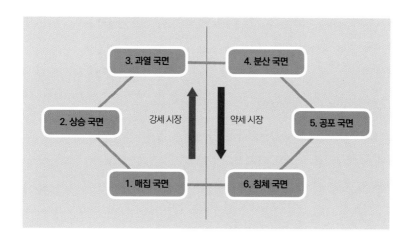

세의 최고점이 장기 추세의 최고점을 갱신하지 못하면 장기 추세는 하락 국면에 있다고 보고 있습니다.

매집 국면 : 강세 1국면

강세 시장 초기 국면인 매집 국면은 경제와 기업 환경, 그리고 시장 여건까지 회복하지 못해 장래에 대한 전망을 어둡게 느낀 투자자들이 투매하는 과정입니다. 이때는 언론도 어두운 기사만 내보냅니다. 그러나 전문 투자자들은 개인 투자자들의 실망 매물을 사들이는 국면입니다. 이 시기에 주식을 매수해 중장기로 보유하는 투자자는 큰 수익을 얻게 됩니다. 개인 투자자들이 시장을 떠나면서 매도하고, 전문 투자자가 매수하면서 거래량은 점차 증가하게 됩니다.

- 시장이 나쁜 뉴스에 대한 저항력을 가지고 있으며 악재가 사라지고 주가가 반등합니다.
- 저금리가 지속되는 가운데 업적이 부진한 저가주에 신고가 종목이 나타나게 됩니다.

상승 국면 : 강세 2국면

전반적으로 경제 여건이 좋아지고 기업의 수익이 증가함으로써 개인 투자자들의 시장에 대한 관심도 고조되어 주가가 상승합니다. 뉴스 중 호재에 민감한 반면 악재에는 별로 반응을 보이지 않는데, 이는 기술적 분석에 따라 주식 투자를 하는 투자자들이 가장 많은 투자 수익을 올리기 때문입니다.

· 호재에 민감하게 반등하고 악재는 영향을 주지 않습니다.
· 금리는 차츰 인상되고 급등 종목이 속출합니다.

과열 국면 : 강세 3국면

경제와 기업수익에 관한 각종 통계 숫자가 호조를 보이고, 신주 발행이 급격히 증가하며, 신문이나 매스컴에서 증권 시장에 관한 내용이 톱뉴스로 등장할 만큼 과열 기미를 보입니다. 개인 투자자와 주식 경험이 없는 사람들이 계속 망설이다가 확신을 가지고 적극적으로 매입에 나서기 때문에 시장이 과열됩니다. 그러나 이때 매수자는 손해를 볼 가능성이 높기 때문에 조심해야 합니다.

분산 국면 : 약세 1국면

전문 투자자들이 시장의 과열을 감지하고 이익을 실현한 후 시장에서 빠져나가는 분산 국면입니다. 호재에 반응이 없고 악재에 민감하며 해외 뉴스에 하락의 계기가 많습니다.

공포 국면 : 약세 2국면

경제 및 기업의 수익에 관한 실적 발표가 나쁘게 나옴에 따라 매도하려는 투자자의 마음이 조급해지고, 매수 세력은 위축되어 주가는 수직으로 급락합니다. 이때 거래량도 급격히 감소하는데, 이러한 상태를 공황 국면이라고도 합니다. 이후에는 상당히 긴 회복 국면이나 보합 상태가 나타나게 되어 침체 국면이 시작됩니다.

침체 국면 : 약세 3국면

공황 국면에서 미처 처분하지 못한 개인 투자자들의 실망 매물이 출회됨으로써 투매 양상이 나타납니다. 주가는 지루하게 하락하지만, 시간이 경과할수록 주가의 낙폭은 줄어듭니다. 기업의 수익성이 악화되고 주가는 계속 떨어진다는 정보가 주식시장에 퍼져 있기 때문에 이를 침체 국면이라고 합니다.

- 뉴스와 재료에 모두 악재가 많고 비관적인 전망이 시장을 지배하고 고가 우량주마저 하락합니다.
- 기업 도산이 이어지고 금리가 계속 하락하며 금융 완화 정책도 나옵니다.

부록Appendix

부록

데이 트레이더를 위한 지침

부록

데이 트레이더의 마음가짐

포지션 매매도 그렇겠지만 데이 트레이딩은 특히 심리적인 영향을 많이 받습니다. 공포, 탐욕, 미련과 후회, 희열 등 인간이 갖는 대부분의 감정과 군중심리와 같은 공동체적인 심리 등이 매매 시 큰 영향을 주게 됩니다. 그러나 데이 트레이딩에서 성공하고 싶다면, 이 모든 감정을 버리고 홀로 의연하게 자신을 컨트롤할 수 있어야만 합니다. 데이 트레이딩은 철저히 심리와 감정을 배제하고 기계처럼 움직여야만 합니다.

일례로, 매도보다 2배는 많았던 매수 잔량이 순식간에 역전되어 오히려 매도 잔량의 반이 되면서 큰 폭으로 하락하고 있다면, 당신은 이러한 과다 낙폭에서 오는 두려움을 극복하고 매수할 수 있어야 합니다. 저점 매수한 종목이 다시 오른다 하더라도 막연한 희망이나 기대를 품어서는 안 됩니다.

크게 올라가고 있는 종목이 있더라도 과감하게 매도할 수 있어야 합니다. 큰 폭으로 올랐던 종목이 다시 큰 폭으로 떨어지는 모습을 보게 될 것입니다. 물론 매도 시점에서는 과감하게 던질 줄도 알아야 합니다. 설령 더 올라간다 하더라도 미련을 가져서는 안 됩니다. 미련이 남게 되면 자꾸 돌아보게 되고, 그러면 다음 매매에 지장을 주게 됩니다. 또한 이전 매매에서 큰 수익을 올렸다 하더라도 무리하게 매매하면 안 됩니다. 오히려 주문 가능 금액을 줄여서 그날의 수익은 그날로 굳혀야 합니다.

친구와의 포커에서 굳히기는 치사한 짓이지만, 데이 트레이딩에서는 철저하게 치사해져야 합니다. 큰 손실을 보았을 경우에도 마찬가지입니다. 복구를 위해 애써 이 종목, 저 종목 마구잡이로 들어가다가는 손실의 폭만 깊어지게 마련입니다. 종목은 자신이 만드는 것이 아니라 주어지는 것입니다. 이리저리 뛰어다니며 들쥐 사냥을 할 것이 아니라, 인내와 끈기를 가지고 길목을 지키고 있다가 사슴을 사냥해야 합니다.

작은 것 여러 개가 큰 것 하나보다 수익률이 높다고 할 수도 있지만, 작은 것 모두를 다 먹을 수 있을까요? 그중 일부는 손실이 있을 것입니다. 그렇기 때문에 큰 것을 노릴 필요가 있습니다. 또한 빈번한 매매는 집중력을 둔화시키고 큰 먹이를 잡을 수 있는 기회를 빼앗아갑니다. 데이 트레이딩은 철저하게 자신과의 싸움입니다. 아무리 많은 연구와 경험과 실전을 치렀다 할지라도 자신의 감정을 통제할 수 없으면 결국 지고 맙니다.

누구에게나 실패는 있을 수 있습니다. 특히 데이 트레이딩에서는 일정한 룰이나 틀이 정해져 있는 것이 아니라, 수시로 그 유형이 변하고 다양한 케이스를 가지고 있기 때문에 언제나 실패의 위험이 도사리고 있습니다. 실패했다 하더라도 후회보다는 철저히 분석하고 검토해 케이스 연구의 대상으로 삼아야 합니다. 많은 수익을 낼 수 있었는데 적은 수익에 만족해야 했거나, 적은 손실로 끝낼 수 있었는데 큰 손해를 본 뒤 손절매했다면 그냥 '재수 없는 일'로 치부하지 말고, 그 케이스에 대한 연구로 '왜 그랬을까?'에 대한 답을 스스로 찾아보는 것입니다.

우리나라의 경우, 아직 구체적인 통계 데이터를 갖고 있지는 않지만, 미국은 데이 트레이딩을 하는 대다수의 트레이더들이 손실을 본다고 합니다. 아마 우리도 비슷할 것입니다. 어떻게 보면 원칙을 망각한 데이 트레이딩은 그 어떤 매매 방식보다 위험할 수 있습니다. 따라서 철저하게 기본 원리를 인지하고, 꾸준한 케이스 연구와 자아 통제 및 군중심리를 컨트롤할 수 있는 역량이 구비되어 있지 않다면, 결코 전문 데이 트레이더로 발전할 수 없을 것입니다.

데이 트레이딩의 실패 사례

데이 트레이딩으로 하루에 1~2%의 수익을 낸다는 것은 누구에게나 가능해 보이지만 결코 쉬운 일이 아니며, 시가에서부터 지속적으로 하락하는 하락 장세에서는 더욱 힘든 일입니다. 꾸준히 수익을 내는 데이 트레이더는 30% 미만이라는 사실을 명심하고, 70% 이상의 데이 트레이더가 어떤 점에서 실패하는지 정리해보겠습니다.

첫째, 많은 데이 트레이더가 추격매수, 추격매도로 실패합니다.

심리적으로 어떤 종목에 강한 매수세가 유입되어 급상승하게 되면 매수의 유혹을 느끼게 됩니다. 반대로 보유하고 있는 주식이 급속하게 하락하면 공포심에 매도 주문을 내게 되는 것이 인간의 심리입니다. 이런 약한 인간의 심리를 극복하고 데이 트레이딩에 성공하려면 원칙을 세워야 합니다. 지속적으로 매도 호가에 체결되면서 주가가 오르는 주식을 상승 추세 초기에 매수하지 못했다면, 과감히 매수를 포기해야 합니다. 오히려 이런 종목은 하락 전환 후 재상승 시점에 매수 타이밍을 잡아야 합니다. 분할 매수로 조금씩 매수하는 전략도 좋으며, 분할 매수 중에 주가가 상승으로 반전하면 더 이상 매수 주문은 피합니다. 매도 시에도 하락 초기의 매도 시점을 놓쳤다면 추격매도보다는 반등 후 재하락의 전환점에서 매도 타이밍을 잡아야 합니다.

둘째, 손절매를 못하는 트레이더는 실패합니다.

데이 트레이딩의 기본 개념은 내재가치가 아닌, 수급에 따른 등락의 틈새를 노리는 매매입니다. 자신이 매수하자마자 주가가 하락 전환하거나 했을 때 명확한 손절매 기준이 없다면 기분에 따라 매매하게 되며, 장기적으로 이런 식의 매매는 큰 손실을 볼 가능성이 큽니다. 기계적인 손절매란 자신의 매매가에서 1~3% 하락 시에는 어떤 경우에도 매도 주문을 내는 것을 말하며, 이 원칙에 예외를 적용할 수 없습니다. 어느 경우에는 매입한 주식이 너무 많아 하락 전환 후에도 손절매 가격에 매도가 어려운 경우가 있는데, 데이 트레이딩은 3호가 내에 매도할 수 있을 정도의 수량만 매수하는 것을 원칙으로 해야 신속하게 손절매에 임할 수 있습니다.

셋째, 하락 추세의 종목을 매매 종목으로 선정하면 실패합니다.

시가가 상한가로 시작해서 대량 거래가 터지고 상한가가 깨어져 장 중 긴 음선을 그리는 종목, 며칠 동안 상한가를 계속해 상한가가 깨지면 급락할 수 있는 신규 등록주 등의 종목은 매도 시점을 놓치면 순식간에 10% 이상 하락하는 경우가 많으므로 데이 트레이딩에 완전히 익숙해진 후에 매매해야 합니다. 초기부터 이런 급등주를 매매 대상으로 선정하면 한 번의 매매에서

치명적인 손실을 입을 수 있습니다.

　넷째, 지루한 하락 장세, 횡보 장세에서 지속적인 매매를 하면 실패합니다.

　변동 폭이 큰 장 개시 후 1시간, 장 마감 전 1시간 정도가 데이 트레이딩에 좋은 시기이며, 장 중의 횡보 장세에서나 지속해서 하락하는 장세에서는 매매 횟수와 규모를 줄이고, 소극적으로 매매하는 것이 바람직합니다. 능숙한 데이 트레이더들은 즉시 손절매합니다. 또한 매도 시그널이 오면 추가 이익에 대한 욕심을 배제하고 즉시 매도합니다. 반면 서툰 데이 트레이더들은 자신감이 없어 확실한 매수 타이밍에서 의심하고 망설이다가 추격매수 하기 일쑤입니다.

자기만의 데이 트레이딩 원칙을 정하자

　원칙의 유무는 수익률에서 엄청난 차이를 주게 됩니다. 초기에는 원칙을 찾는 일이 무엇보다 중요합니다. 많은 원칙들 중에서 가장 객관성이 있는 6가지를 제시하고자 합니다.

1. 손절매의 기준을 정하라

　초보 데이 트레이더의 큰 단점은 저점 매수에 서투르다는 것입니다. 고점에서 사면 손절매 확률은 100%이므로 저점 매수를 고수해서 손절매의 가능성을 줄여야 합니다. 데이 트레이딩에서 손절매는 제1원칙입니다. 그러나 손절매 폭은 원칙이 없습니다. 자기의 투자 성향에 따라서 기준을 잡으면 됩니다. 스윙 투자자라면 손절매 폭은 10%가 적당하다고 볼 수 있고, 스캘퍼라면 손절매 폭의 기준은 없을 수 있습니다. '움직이지 않으면 즉시 판다'가 정답일 수도 있습니다. 통상 고수 데이 트레이더들이 선호하는 손절매 폭은 2~5% 정도입니다.

2. 현금 보유 비중은 90% 이상 가져라

데이 트레이딩의 가장 큰 장점은 리스크(위험) 관리에 있습니다. 확실한 매매 시점이 아니면 현금화 전략이 최선입니다. 호재가 터지고 장세가 급반등하는데 실탄이 없다고 생각해보세요. 하락 장세에서 웃을 수 있는 사람 또한 현금화한 사람입니다.

3. 몰빵은 조심하라

주가의 움직임을 예측할 수 있다면 모두가 큰 수익률을 올릴 것입니다. 그러나 불행하게도 주가 예측은 불가능합니다. 그러므로 고수 데이 트레이더들이 분할 매수, 분할 매도를 부르짖는 것입니다. 현역에서 활동하는 최고 수준의 데이 트레이더들도 10%, 30%, 60%씩 분할 매수를 철칙으로 여기고 있습니다. 일반 데이 트레이더들도 이 방법으로 타이밍을 잡아내는 것이 안전할 것입니다. 공격적인 트레이더들은 분할 매수 시 추가 자금으로 물타기 가능성이 있어 간혹 몰빵해서 매수하고 분할 매도로 이익을 굳히는 경우도 있기는 합니다.

4. 물타기는 절대 금물

지지선이 확실한 경우 물타기도 가능하다고 보는 일부 데이 트레이더들도 있으나 한두 번 물타기 해서 목적을 달성하면 홀딩과 손절매에서 항상 고민하게 됩니다. 실패한 매매는 손절매뿐입니다. 손절매 시기를 놓치면 할 수 없지 않으냐는 항변이 있을 수 있겠지만, 손절매 시기를 놓쳤다는 기준이 어디에 있겠습니까? -5%에 손절매를 놓쳤으면 -6%, -10% 가릴 것 없이 팔고 나와야 합니다. 그런데 반등하면요? 그것은 고민할 거리도 못 됩니다. 그때 다시 사면 될 것 아닌가요. 2000년 8월 29일, 한일(22610)은 오전 강세를 이어가지 못하고 장 막판 10분 만에 38,500원에서 34,150원까지 10% 이상 하락했습니다. 그 당시 분 차트를 보면, 37,000원대와 36,000원대, 35,000원대 때 대규모 매수세가 들어왔지만, 반등에는 실패하고 물량만 떠안게 되었다는 것을 알 수 있습니다. 짐작이지만 물타기 물량도 제법 많았을 것입니다. 수급의 원리를 이겨보려는 물타기 시도는 백전백패입니다. 물타기는 최고의 성공이 본전입니다. 하지만 그 확률은 10% 미만이고, 실패 가능성은 90% 이상이라 봐야 할 것입니다.

5. 매매 횟수는 최대한 자제하라

"사자는 배가 고프다고 풀을 뜯지 않는다"는 말이 있습니다. 수수료를 공제한 0.5%의 수익을 얻기 위해 리스크를 감수하면서 잦은 매매를 한다면 작은 이익은 고사하고 필경 손실만이 남을 것입니다. 잔파도는 관망하는 것이 상수입니다. '나스닥 선물지수와 KOSPI 200 선물지수, 종합지수가 하락세를 멈추고 상승세로 돌아서면서 관심 종목에 매수세가 확인될 때 딱 한 번만 먹고 나온다'는 기분으로 임해야 합니다. 초보 데이 트레이더의 매매 횟수는 1일 3회 미만이 적당합니다. 특히 낮 12시~1시 사이와 오후 2시~2시 반 사이는 세력들의 물량 털기에 걸릴 가능성이 많으므로 쉬는 것이 좋습니다.

6. 관심 종목을 압축하라

통상 고수 트레이더들은 30~100개 정도의 관심 종목을 체크합니다. 그들은 기가 센 종목군을 찾아내기 위해 체크하는 관심 종목 수가 다소 많습니다. 하지만 서툰 데이 트레이더 입장에서 관심 종목이 많으면 뇌동매매 가능성이 많아집니다. 객장에서 시세판을 보고 있으면 추격매수 충동을 느끼게 되듯이 관심 종목 수가 많으면 주식의 과거 흐름, 즉 뒷배경을 놓칠 수가 있습니다. 초보 데이 트레이더에겐 대략 10여 개 정도가 적당합니다. 모든 종목에는 주도적 관리자가 붙어 있으므로 대개 장중에 한두 번의 출렁임을 줍니다. 그들 또한 수익을 얻어야 하니 흔들기를 하는 것입니다. 관심 종목 수가 적다고 걱정할 필요가 전혀 없는 이유입니다. 약간의 기다림만 감수한다면 상대편 어디에선가 움직임이 있기 마련입니다.

데이 트레이더의 기본 자세

1. 장 초반과 장 후반 1시간 동안만 매매에 집중(단타는 가격 변동 폭이 큰 구간만 노립니다)
2. 미수는 금지(만약 미수를 쓰게 되는 상황이라면 딱 한 종목에만 온 신경을 집중해야 합니다)
3. 몰빵 금지(미수와 올인은 깡통의 지름길입니다. 되도록 투자 자금의 30% 이내에서 매매하시기 바랍니다)
4. 분산 투자(세 종목이 가장 적당하며 다섯 종목 이상은 집중력이 분산되어 오히려 매매 시점을 거꾸로 잡기도 합니다)
5. 당일 매도(비록 현재 손해를 보고 있다 하더라도 보유 주식은 당일 반드시 매도해야 합니다)
6. 손절매는 칼같이!(손절매의 기준은 확실히 정하며, 무슨 일이 있어도 손절매만큼은 꼭 지키도록 노력해야 합니다)
7. 보초 매수 금지(오를 것이라는 확신이 있더라도 미리 매수할 필요는 없습니다. 내일은 누구도 장담을 못합니다)
8. 한번 사고판 종목은 당일 다시 안 잡기(미련을 버려야만 살

아남습니다)

9. 오전 큰 수익이 나면 당일 매매 종료

10. 2~3일 슬럼프에 빠지면 하루 정도 쉬어가기

이외에도 저마다 데이 트레이더가 지켜야 할 일반적인 원칙들은 많습니다. 이를테면 종목이나 매매 횟수를 한정시켜야 한다든지, 물타기는 절대 하지 말라든지 하는 내용들입니다. 데이 트레이더라고 해서 앞에 소개한 것과 같이 어디에서나 흔히 접할 수 있는 기본원칙들을 굳이 지킬 필요는 없습니다. 수익을 꾸준히 내는 데이 트레이더라면 융통성을 발휘할 테니까요. 하지만 손실을 반복하는 데이 트레이더라면 최소한 위에 소개한 기본자세를 모두 지켜본 경험이 있는지 한 번이라도 자신에게 물어보기 바랍니다.

데이 트레이더의 조건

1. 데이 트레이더는 투자자가 아니라 주식 매매자다

데이 트레이더가 원하는 것은 오직 하나, 짧은 시간에 돈을 벌어들이는 것뿐입니다. 즉 투자자가 아니니 장기적인 증시 동향은 데이 트레이더에게 별 의미가 없습니다. 데이 트레이더는 경제지나 경제 관련 수치를 놓고 연구하지 않고, 다른 투자자나 분석가의 충고를 듣거나 증시에 대해 연구하지도 않습니다. 데이 트레이더에게 장기적인 사항들은 전혀 중요하지 않으며, 향후 몇 분, 또는 몇 초 동안의 주가 변동만이 중요합니다.

2. 데이 트레이딩은 도박이 아니다

만약 도박하듯이 데이 트레이딩을 하면 장기적으로는 돈을 잃을 것이 뻔하기 때문에 오래가지 못합니다. 데이 트레이딩은 자신이 선택한 종목에 대해 꾸준히 관찰하고 분석해야 합니다. 사들인 가격보다 비싼 가격으로 팔 수만 있다면 그것으로 만족해야 합니다.

3. 객관적인 눈을 가져라

데이 트레이딩은 운으로 돈을 따는 것이 아니라 실력으로 돈을 벌어야 합니다. 유혹에 넘어가지 말고 그것을 이용할 수 있어야만 진정한 데이 트레이더로서의 기질을 갖추게 되는 것입니다. 전날 공개된 뉴스에 의존해서 폐장 후나 개장 전 한 주식의 매도 또는 매수를 결정할 때, 데이 트레이더는 그 주식이 얼마나 움직일 것인지 먼저 예측해야 합니다.

시장을 자세히 관찰하고 모든 시장 참가자들이 뉴스에 반응하는 방식을 깨우치면 트레이더는 터져 나오는 여러 가지 다양한 뉴스가 시장에 영향을 미치는 정도를 알게 되고, 시기를 효과적이고 정확하게 예측할 수 있게 됩니다. 만약, 주식이 개장 직후 잠시 되돌림을 하다가 추세를 지속할 가능성도 있습니다. 이렇게 되면 시간 전, 시간 후 매매 전략보다 개장 직후 전략이 더 큰 소득을 안겨줄 수 있습니다. 또는 주식이 갭을 발생하면서 추세를 지속할 수도 있습니다. 이것은 시간 전, 시간 후 매매 전략보다는 수익성이 낮을 수도 있지만, 이익은 이익입니다.

4. 기본에 충실해라

주가가 빠질 때 주식을 사고, 오를 때 주식을 파는 것은 주식투자의 기본입니다. 자세히 말해서, 보통의 투자자들이 주식을 팔아치워 주가가 떨어질 때야말로 주식을 살 때입니다. 그리고 멋진 뉴스가 나와 주가 상승을 부추길 때, 부풀려진 가격에 팔아야 합니다. 작은 수익을 위해 수년간 주식을 보유할 만큼 사치를 부릴 필요가 없습니다.

5. 생각은 시장을 앞질러야 한다

그날과 다음 날의 시장 분위기를 간파하고 있어야 합니다. 그래야 어느 종목에 투자할 것인가를 정할 수 있기 때문입니다. 또한 투자의 당위성도 생각해볼 수가 있습니다.

6. 움직이는 주식을 주시하라

그날그날의 거래 변동 폭이 큰 종목을 선택해야 합니다.

7. 손해를 보는 거래(본전치기)의 수를 최소화하라

이익을 남기는 거래를 할 수 있는 종목을 스스로 찾아다녀야 합니다. 하지만 그렇지 못한 경우도 있습니다. 이럴 경우 본전치기를 최소화하지 않는다면, 데이 트레이딩을 생업으로 삼기가 힘들어지게 되기 때문에 거래할 주식을 고르고 주문을 내는 것에 신중을 기할 수밖에 없습니다.

8. 이윤을 남길 가능성이 높은 거래만 하라

전부 이익을 실현하면 불리한 가격 움직임에 대한 불확실성을 피할수 있지만, 추가 상승에 대한 이익을 놓칠 수 있습니다. 분할해서 이익을 실현하는 경우, 추가적인 이익 실현이 가능하지만, 추세가 하락으로 바뀔 때 이익 실현분을 상실할 수 있습니다. 하락 폭이 클 때는 대규모 손실로 이어집니다.

9. 자신의 하루 수익 목표치를 설정하라

오늘 하루 1,000만 원을 벌겠다는 목표를 설정했다면, 1,000만 원 수익을 달성하면 매매를 즉각 중지해야 합니다. 손실도 마찬가지입니다. 오늘 내가 허용할 수 있는 손실 폭이 1,000만 원이라고 설정해놓았다면, 1,000만 원에서 10만 원이 깨지면 매매를 중단하고 내일을 기약합니다. 일진이 좋지 않은 날 무리하면 더 깨지기 십상입니다.

10. 스톱로스(손절매)를 꼭 해야 한다

스톱로스는 데이 트레이딩에서 반드시 필요합니다. 특히 목표 손실 가격에 도달했을 때 손절매는 필수입니다. 이것은 위험을 하루 가격 제한폭 안에서 관리하기 위해서입니다. 스톱로스는 지능 지수가 높을수록, 자만심이 강할수록 하기가 더 어렵습니다. 자기가 대중보다 더 총명하다는 생각 때문에 시장이 틀렸다고 판단하고 스톱로스를 미루는 것입니다. 데이 트레이딩은 기계적인 투자 기법입니다.

11. 매매 타이밍을 놓치지 마라
데이 트레이딩에서는 타이밍이야말로 매매의 모든 것입니다.

12. 마음을 다스려라
데이 트레이딩을 할 때 종종 이전의 거래 때문에 우울하거나 자신감으로 고조되는 자신을 발견하게 되는데, 그럴 경우 실패할 확률이 높습니다. 늘 냉정한 마음을 유지해야 성공할 수 있습니다. 대중 투자자들이 겁에 질려 주식을 투매할 때, 당신은 살 준비를 해야 합니다.

13. 그날의 이익은 다음 날 투자에서 제외하라
이익을 누적해서 투자 금액을 불리면 한 번의 실수로 이익과 원금을 다 까먹을 수 있기 때문입니다. 욕망을 강제적으로 절제할 줄 알아야 합니다. 누구나 단 한 번의 베팅을 통해 팔자를 고치고 싶은 욕심이 있습니다. 그러나 대부분의 무리한 베팅은 실패합니다. 하루하루 적게 벌려고 노력해야 합니다. 그러면 많이 벌 것입니다.

14. 정보에 민감하라

정보란 새로운 상품, 시장 점유율 또는 미래 어느 기간의 수익 예측에 관한 자료 같은 것입니다. 시장 참가자들의 유사한 반응을 불러일으키는 반복적인 보도 자료도 있을 수 있습니다. 분석가들의 예상이 맞아떨어지거나 초과하거나 못 미치는 추정이익은 늘 같은 반응을 불러일으킵니다. 한 주식당 추정 이익과 실제 이익의 차이가 반응의 정도를 결정짓습니다. 모든 정보에 민감하되 특히 뉴스에 신경을 써야 합니다. 뉴스에 의해 조정되는 효과는 며칠, 몇 주에서 몇 달에 걸쳐 소화됩니다.

15. 스프레드 관리를 하자

주식을 팔고 그 가격보다 약간 낮게 주식을 되사면 그 차이가 바로 스프레드입니다. 거래에서 이것은 중요합니다. 상대적으로 작은 스프레드를 잘 관리할 줄 알아야 합니다.

데이 트레이딩을 위한 기본 지침서

1. 되도록 저가주를 건들지 마라

저가주는 호가 차이가 커서 상승 시는 좋지만, 하락 시는 그만큼 손절을 감내해야 합니다. 특히 이런 종목일수록 단타 세력들이 들어와서 산 가격 이하로 내려가게 흔들어 데이 트레이더들의 심리를 뒤집어놔 웬만한 베테랑이 아니면 먹기가 쉽지 않습니다.

2. 거래량 없는 종목은 피하라

데이 트레이딩의 매매 생명은 수급에 있습니다. 차트가 좋다며 곧 급등할 것이라고 따라 들어갔다가는 이들 종목에 크게 고생할 수도 있습니다. 더 안 좋은 것은 거래량 없는 종목은 그 종목에 똬리를 틀고 있는 단타 세력에게 웬만한 거래량은 거의 노출되고 있다는 점입니다. 이들도 여기서 장사를 해먹는 사람들인데 쉽게 먹을 수 있도록 줄 것 같은가요? 아마 당신들이 치고 들어갈 때 던지려고 준비하면 벌써 -2% 이상 호가갭을 만들어놓을 것입니다. 그리고 기다림에 지친 당신은 던지고 나갈 것입니다.

3. 회사의 사명을 자주 바꾸거나 유상증자 종목, 이유 없이 신저가를 깨고 내려가는 종목, CEO 횡령설이 나돌고 있는 종목은 가급적 건

들지 마라

설사 들어갔다 하더라도 오버나잇은 절대 하면 안 됩니다. 가끔 장 중이나 장 마감 시 악재가 나와 거래가 정지되면 그동안 번 것을 다 날릴 수 있습니다.

4. 자신의 경험과 차트에 대한 자신감, 종목에 대한 집착을 버려라

종목에 대해 집착하고, 자신감에 차 있으면 하락할 때 매도를 못합니다. 이 종목이 올라갈 수밖에 없다고 자신감에 차 있을 때가 가장 위험할 수 있습니다.

5. 갈 자리에 안 가면 던져라

버벅대는 것이 가끔 매집인 경우도 있지만, 상단 매물대 돌파에 번번이 실패하거나 갈 자리에서 안 가면 아직 때가 되지 않았다는 증거입니다. 갈 것처럼 해놓고 다시 밀리고 다시 조금 올려 치고 한 단계 더 하향이탈하는 매매 패턴을 심리상 초기에 극복하지 못하면 손실만 늘어납니다.

6. 손절 라인을 최대한 짧게 잡아라

버는 것도 중요하지만, 지키는 것이 더 중요합니다. 데이 트레이더에게는 매수 시점에서 상승으로 돌아설 때만이 유효합니다. 데이 트레이더가 손절 라인을 -3% 이상 잡으면 하루에 세 종목에서 실패하더라도 거래세 등을 포함해서 -10%를 넘어섭니다. 저는 매수 가격에서 올라가지 못하거나 매수 가격대 호가 물량을 잡아먹으면 일단 던집니다.

7. 시장의 주도 테마와 대장주를 빨리 찾아라

백날 매수세가 들어오지 않는 종목을 붙잡고 있어봐야 별로 먹을 것도 없습니다. 주도주에서 매기가 몰리고 상승 탄력도 강한 법입니다. 시장의 주도주가 어떤 것인지를 빨리 파악해야 합니다.

8. 만약 당신이 고수반열에 들어섰다면 데이와 추세 매매를 병행하라

데이는 단기간 집중력을 발휘해야 하므로 장이 끝나면 두뇌가 초토화되어 스트레스가 많이 쌓이는 매매 방법 중 하나입니다. 나이가 들면 스캘핑을 하기보다는 계속 상승 추세를 이어가는 종목은 쉽게 매도하지 말고 꺾이는 시점까지 들고 가는 것이 오히려 데이 트레이딩 하는 것보다 더 많은 수익을 확보할 수 있습니다.

9. 종목을 최소화하라

데이 트레이더의 중수와 고수 차이는 종목의 집중력에 있습니다. 차트 우량주 및 주도주를 모두 나열해놓고 그중 강한 종목을 시초가에 따라잡는다면, 승률은 높은데 문제는 그 이후에 있습니다. 들고 있는 종목이 안 간다 해서 보고 있는 다른 종목이 장중을 강하게 치고 나갈 때 이식 매매하면 안 됩니다. 아마 물릴 확률이 70% 이상 될 것입니다. 종목을 단순화시키고 최소화해야 합니다.

10. 미수 쓸 종목과 안 쓸 종목을 구분하라

데이 트레이딩 하는 분 중 무조건 미수 풀베팅하는 분이 의외로 많은 것 같습니다. 저는 그 회사의 반기실적과 뉴스를 확인하고 익일 공략 종목을 들어갑니다. 실적 우량주 및 외국인 선호주는 상승 초기에 잡는다면 미수를 써도 크게 무리가 없을 것이나 저가주 및 기업 내용이 불투명한 주가에 미수 풀베팅은 심리적으로 위축될 뿐만 아니라 리스크가 따릅니다. 물론 가장 좋은 방법은 미수를 안 쓰는 것입니다.

11. 매매 횟수를 줄여라

하루 내 이 종목, 저 종목 따라붙어봤자 강한 종목 하나만 못합니다. 오히려 수수료 때문에 벌어놓은 것을 다 까먹을 수 있습니다. 오전에 수익이 많이 났다면 그날은 쉬는 것도 전략입니다. 집중력을 길러야 합니다.

12. 투자 일지를 써보자. 실력이 배로 늘어난다

투자 일지에 익일 시황 전망, 유망 종목 및 주도주 공략 종목, 공략 사유, 공략할 시 손절가 및 이익 실현가, 그리고 공략 이후 성공 요인과 실패 요인 등을 기록해야 합니다. 꼼꼼히 예측하고 들어가면 실수를 줄일 수 있을 뿐만 아니라 감정의 개입을 많이 차단해줍니다.

13. 데이 트레이딩의 최대 적은 부화뇌동

당신이 얼마 벌었는지 궁금해서 계좌 이익을 확인할 때가 그날의 고점일 확률이 높습니다. 당신이 견디다 못해 화나서 던질 때가 저점입니다. 이것은 본인이 터득한 경험입니다. 이익의 적정선에서 던지고, 손절가 시점을 절대로 양보하지 말아야 합니다.

14. 오전 9시~10시 30분, 오후 2시~3시를 잘 활용하라

상승 탄력도는 대부분 아침 9시에서 10시 30분 사이에서 판가름 납니다. 그 이후로는 심리적으로 피로해지기 시작해 오히려 손실이 일어날 수 있습니다. 요즘 오후에 상한가 가는 종목도 늘고 있어 가끔 2~3시 사이 급등하는 종목도 잘 보시기 바랍니다.

15. 자신만의 매매 기법을 찾는 것이 중요하다

데이 트레이딩을 하기 위해서는 일단 매매 비법이 중요합니다. 자신만의 매매 비법을 찾아야 합니다. 주식은 나름대로 전략도 생각해야 하고 복잡합니다. 이런 단타 매매에서 주의할 점은 손해가 조금이라도 나면(3%) 무조건 팔아야 한다는 것입니다.

16. 데이 트레이딩이라고 하루하루 계좌 수익에 연연하지 마라

하루하루를 보지 마시고 적어도 한 달 데이터는 나와야 추세와 계획을 세울 수 있습니다.

증시 격언에서 배워라

오랜 시간 동안의 투자 경험을 통한 투자 교훈들이 많습니다. 증시 격언은 시장에서 먼저 경험한 주식 투자자들이 짧은 말속에 깊은 뜻을 응축해 담은 것입니다. 이들 격언 중 투자하는 데 꼭 알고 되새겨보아야 할 격언들을 정리해보았습니다

1. 산이 높으면 골이 깊다

주식은 크게 오르면 그만큼 반락도 큽니다. 기업 내용이 좋은 우량주라도 투기성이 동반된다면 원칙적으로 모두 같은 것입니다. 투기성이 있는 주식은 오르는 폭이 큰 만큼 내리는 폭도 큽니다.

2. 촛불은 꺼지기 직전에 가장 밝다

주가가 한번 오르기 시작하면 그 오름세가 영원히 지속될 것 같은 착각에 빠집니다. 주식 시장을 둘러싸고 있는 분위기도 긍정론 일색입니다. 주가가 급락하거나 약세장이 찾아올 것이라는 생각을 쉽게 하지 못합니다. 강세장에서는 작은 호재도 더 크게 부풀려지고 악재는 묻혀버리기 때문입니다. 주가가 하늘 높은 줄 모르고 치솟고 있다면 곧 하락장이 다가올 것을 생각하고 마음의 준비를 해야 합니다. 현명한 사람이라면 촛불의 밝음에 기뻐할 것이 아니라, 꺼지고 난 후의 어둠을 걱정할 줄 알

아야 합니다.

3. 대량 거래는 천정의 신호다

주가가 일정 수준 오르게 되면 투자자들의 관심을 고조시켜 매수 세력을 늘립니다. 사려는 주문이 쏟아지면서 거래도 함께 늘어납니다. 그러나 정상 수준을 넘어서면 위험을 느낀 투자자들부터 시장을 떠나며 주가는 곤두박질치게 됩니다.

4. 무릎에서 사서 어깨에서 팔아라

주가는 항상 움직이지 않습니다. 침체기를 거친 주가가 수직 상승하는 경우는 드물고 커브를 그리며 올라갑니다. 전문가들은 침체기보다는 일정 수준 움직이기 시작할 때 투자합니다.

5. 주식을 사지 말고 때를 사라

아무리 부실주라도 요즘 같은 금융 장세에선 이익을 낼 수 있습니다. 반면에 우량주라도 천정권에서 산다면 손실이 불가피합니다. 주식 투자의 목적은 투자 이익을 내는 것이고, 이익을 내려면 매수·매도 시점을 잘 잡아야 합니다.

6. 밀짚모자는 겨울에 사라

모든 물건은 수요가 있을 때 높은 가격을 형성합니다. 투자자들이 증권·건설주에 집중하는 동안 소외된 종목을 사서 기다리는 것도 한 방법입니다.

7. 대중이 가는 뒷길에 꽃길이 있다

대중들이 공포심으로 바닥권에서 주식을 팔면 주식이 오를 때가 되었으므로 주식을 사야 하고, 대중들이 탐욕으로 천정권에서 주식을 사면 주식이 떨어질 때가 되었으므로 주식을 팔아야 한다는 것입니다. 유사한 격언으로는 '대중은 항상 틀린다', '다른 사람이 팔 때 사고, 다른 사람이 살 때 팔라'는 것이 있습니다. 대세 상승의 초기에는 일반 투자자들은 항상 두려움(공포심)을 가지고 있습니다. 현명한 투자자나 기관들이 한창 이익을 낸 후에야 일반 투자자들은 자신감을 갖고 시장에 뛰어들게 됩니다.

8. 때가 올 때까지 기다리는 사람이 성공한다

인내심을 가지고 때가 오기를 기다려야 합니다. 1년 이상을 기다릴 수 있으면 손해 보는 일은 절대 없습니다.

9. 흉년에 땅 사고 풍년에 집 판다

대중이 모두 주식을 팔 때 과감하게 매수하고, 대중이 모두 흥분해 매수에 치중할 때 냉정하게 매도하는 것이 효과적인 매도 전략임을 강조한 격언으로, 투자에서 나타나는 역발상의 미학을 담고 있습니다.

10. 소문에 사고 뉴스에 팔아라

모든 사람이 알고 있는 재료는 더 이상 주가 상승의 요인이 될 수 없다는 것을 강조한 격언입니다. 뉴스는 중요하지만, 빠른 정보 획득력을 가진 사람들, 최소한 뉴스의 생산자들이 더 빨리 알 수 있습니다. 따라서 투자자는 뉴스의 표면만을 보지 말고, 그 안에 담긴 의미를 해석하는 데 집중해야 합니다.

11. 살 때는 처녀처럼, 팔 때는 토끼처럼

'주식을 매수할 때는 시집가기 전의 처녀처럼 매우 신중해야 하지만, 매도의 경우에는 토끼처럼 신속하고 단호하게 행동을 취하라'는 것으로, 주식을 살 때는 신중하고 많은 검토를 거쳐 분할 매수가 꼭 필요하다는 의미를 담고 있습니다. 또 잘못된 주식을 오래 보유하면서 매도 시점을 놓치게 되면 큰 손해를 볼 수 있다는 것을 경계한 말입니다.

12. 새로 일어날 때 붙어라

장기간 바닥에서 헤매고 있던 상태가 상승으로 바뀌면 매수하라는 것입니다.

13. 소동이 있으면 사라

큰 사건이나 재해가 일어나면 공포심에서 파는 사람이 많은데, 그 뒤에는 곧 큰 반발 매수가 일어나므로 주식을 사라는 의미입니다. 그러나 금융 불안의 소문이 있으면 곧 팔아야 합니다. 하지만 그 외의 재해에는 팔지 말아야 합니다. 곧 반발 매수가 일어납니다.

| 분산 투자 |

14. 계란을 한 바구니에 담지 마라

개인 투자자들은 주목받는 한두 종목에 모든 자금을 집중적으로 투자합니다. 이와 같은 투자법은 큰 이익을 낼 수도 있으나 반대로 큰 손실을 낼 수도 있습니다. 너무 많은 종목으로 인해 집중이 안 되는 것도 문제지만, 한두 종목으로 승부를 내려는 것은 더욱 위험합니다. 분산 투자로 위험을 줄이라는 의미입니다.

15. 주식 매매를 한 번에 하는 것은 무분별하다

두 번이나 세 번에 나누어서 해야 하고, 팔 때나 살 때는 자금을 분산해야 합니다.

| 종목 선택 |

16. 바닥 시세에서 맨 먼저 오르는 종목을 사라

주가는 비슷한 업종이나 그룹 속에서 함께 움직이려는 속성이 있습니다. 가령 건설주 열기가 있다 해도 대표적인 건설사의 주식이 한창 오른 뒤에 다른 회사의 주가가 오르는 것이 보통입니다. 그러나 선도주가 하락세로 전환하면 기타주는 제대로 오르기도 전에 시세가 꺾이게 됩니다. '미인주를 사라'는 것도 같은 의미입니다.

17. 친구는 옛 친구가 좋다

자신이 잘 알고 접근하기 쉬운 곳에서 투자 대상을 찾으라는 의미로, 잘 알고 있는 소수의 몇 종목만을 대상으로 투자하는 것도 훌륭한 투자 기법이라는 것입니다. 그렇다고 비전 없는 특정 주식을 무조건 보유하는 식의 집착이 좋다는 뜻은 결코 아닙니다.

▌시장 흐름 ▌

18. 먼저 숲을 보고 나무를 보라

시장의 전체적인 흐름을 보는 것이 중요하다는 것입니다. 투자하기 위해서는 가장 기본적인 경기의 흐름을 파악하고, 주식 시장이 대세 상승의 흐름에 들어서는가를 판단한 다음에, 개별 업종과 종목을 분석해 투자해야 합니다. 아무리 업종과 종목을 잘 선택해도 대세 하락장에서 투자하게 되면 실패할 확률이 그만큼 크기 때문입니다. '어부는 조류를 본다'는 말도 있습니다.

19. 쉬는 것도 투자다

매매를 계속하는 것만이 능사가 아니며, 때로는 장세를 관망하면서 쉬는 것도 훌륭한 투자 행위라는 것입니다. 대세의 큰

장에서 수익을 올렸으면 다시 들어갈 것이 아니라 쉬어야 합니다. '사고 팔고 쉬어라, 쉬는 것도 투자다'라는 말도 있습니다.

20. 기다리는 시세는 오지 않는다

증시에는 묘하게도 대부분의 사람들이 상승을 기대하면 주가는 오히려 하락하고, 하락을 예측하면 반대로 상승하는 경우가 많다는 것을 지적하는 말입니다. 주가는 투자자가 원하는 대로 움직이지 않으므로 투자자는 시장에 대응하고 주가의 흐름에 순응하면서 투자해야 한다는 의미입니다.

21. 시세는 시세에게 물으라

시세가 가는 대로 순응하며 따라가는 것이 주식 투자의 성공 비결이며, 시세의 흐름을 거역하는 자는 자기 파멸을 초래합니다. 시세는 주가를 끌어올리는 힘이며 이는 통상 거래량으로 나타납니다. 따라서 기술적 분석이 중요하며 시세에 역행하지 말라는 의미를 담고 있습니다.

22. 군자는 표변한다

군자는 평소에 유유자적하며 온건한 자세를 유지하다가도 상황이 변해 결정적인 순간이 오면 완전히 돌변해 결연히 상황에 대처합니다. 주식 투자도 시황의 변화에 따라 필요한 경우에는 모든 생각과 전략을 180도 바꾸어야 합니다. 낙관적인 시세관을 견지해오던 투자자라고 하더라도 시세가 천정을 쳤다고 판단되면 태도를 완전히 바꾸어서 모든 사고를 매도 위주로 바꾸어야 합니다. 반대의 경우도 마찬가지입니다.

23. 낙엽 한 잎에서 천하의 가을을 본다

투자를 하는 이상, 세상에 대한 예리한 후각과 미래를 예측하는 능력을 키울 필요가 있습니다.

▌ 자금 수급 ▌

24. 수급은 모든 재료에 우선한다

주식 역시 하나의 상품입니다. 수요가 있으면 어떠한 악재가 있어도 주가가 오르고, 반대로 시중에 자금이 말라 수요가 부족하면 아무리 좋은 재료가 있더라도 주가는 약세를 면치 못한다는 것입니다. '오름시세의 악재는 사라'는 말도 있습니다.

25. 재료가 없는 시세가 큰 시세

주가 형성에서 재료는 큰 역할을 합니다. 그러나 주가는 재료보다는 수급이 더 결정적인 역할을 하며, 재료는 글자 그대로 재료로써만 쓰입니다. 주식 시장에서의 수급은 공급보다는 수요가 절대적인 힘을 가지고 있습니다. 시중에 부동자금이 많아서 자금이 물밀듯이 밀려오는 주식 시장에서는 재료 없이도 주가는 크게 오릅니다. 한정된 효과를 가진 재료보다는 자금에 의해서 움직이는 금융 장세가 훨씬 크고 오래갑니다.

26. 시세는 연날리기와 같다

주식 시세는 곧잘 연날리기에 비유되는데, 바람이 있어야 연이 날고 바람이 없으면 연이 땅에 떨어지듯이, 주식 시세도 주식 시장으로 들어오는 자금이 있어야 오릅니다. 바람이 세게 불면 연은 높이 날고 바람이 약하게 불면 연이 낮게 날듯이, 주식 시세 역시 증시로 들어오는 자금의 양이 많으면 많을수록 높이 오르고, 거꾸로 외부로 빠져나가기 시작하면 주가는 내려갈 수밖에 없습니다.

▌객관적 분석 ▌
27. 주식과 결혼(짝사랑)하지 마라

주식 투자자는 누구나 자기 주식이 좋아 보이는 심리가 있습니다. 그래서 자기가 산 종목에 심취되어서 짝사랑하게 되고, 주가가 내려가도 위험이 적어 보여 다시 반등할 날을 기다리게 됩니다. 반대로 주가가 큰 폭으로 올랐을 경우에는 장점이 부각되어 계속 더 올라갈 것을 기다리게 됩니다. 하지만 주식을 객관적으로 분석할 수 있을 때 진정한 투자자가 되었다고 할 수 있을 것입니다.

28. 주가는 언젠가는 고향으로 간다

주가는 자주 급등락을 연출하지만, 결국은 본질적인 내재 가치에 수렴한다는 것입니다. 가치 투자자에게는 바이블이 될 표현입니다. 단순히 급등락하는 주식을 쫓기보다는 펀더멘털에 입각한 정석 투자가 필요합니다. '주가는 본래의 옛 둥지로 바뀐다'라는 말도 있습니다.

▎탐욕과 집착 ▎

29. 떠나간 여자와 지나간 버스는 기다리지 말라

매수 기회를 놓치고 나서 탐욕에 의해 추격매수를 하게 되면 낭패를 당하기 쉽습니다. 일단 놓친 기회에 대해서는 지나친 집착을 피해야 한다는 투자 격언입니다.

30. 머리와 손은 항상 함께 움직여라

투자 판단을 할 때는 이성과 감정이 상반되어 갈등을 느끼는 경우가 많습니다. 주식을 제때에 팔지 못한 상태에서 주가가 계속 하락하면 이성적으로 팔아버리자고 생각하면서도 막대한 손실을 감수해야 하므로 '팔지 말아야 하나?' 하는 감정적인 생각을 하게 됩니다. 그러나 주식 투자는 될 수 있는 한 감정적인 요소를 제거해 이성적으로 판단해야 합니다.

| 기술적 분석 |

31. 차트는 시세의 길잡이다

차트를 보지 않고 매매하는 것은 맹인이 지팡이 없이 길을 걷는 것과 같습니다. 차트를 노련하게 해석할 수 있으면 70% 이상의 주식 투자 성공이 보장됩니다.

32. 왼손에 차트, 오른손에 재무제표

올바른 분석을 위해서는 기술적 분석의 바탕이 되는 차트 분석뿐만이 아니라, 기본적 분석의 근거가 된 재무제표 분석을 균형 있게 해나가야 한다는 것입니다. 차트만을 맹신하다가 우발적인 변수에 대처가 안 되고, 재무제표만을 좇다 보면 매매 시기를 놓칠 수 있습니다.

33. 주가는 거래량의 그림자다

거래량 지표의 중요성을 강조한 격언입니다. 거래량이 통상 주가에 선행해서 움직인다는 특성을 고려한 투자가 필요하다는 것입니다. 자신이 보유한 주식이 거래가 크게 늘거나 줄어들 때는 다시 한번 기업 내용을 분석할 필요가 있습니다.

이 밖에도 수많은 증시 격언이 많지만, 시대가 변해도 변하지 않는 보편적인 격언들만 정리해보았습니다. 이들 격언들은 머리로만 이해해서는 도움이 되지 않을 수도 있습니다. 증시 상황에 대처해나가기 위해서는 철저하게 느끼면서 한마디, 한마디를 가슴에 새겨야 할 것입니다. 주식 투자에서 망설임이 있거나 판단이 어려울 때는 증시 격언을 천천히 되새겨봅시다.

주가를 예측하는 방법 3가지

1. 기술적 분석

주가는 수요와 공급의 원리에 따라 결정되며 수급의 결과가 그래프로 나타난다는 이론으로, 이동평균선, 스토캐스틱, MACD, RSI 등 보조 지표들이 있고 이러한 보조 지표들을 참고해 주가를 분석하게 됩니다. 주가 차트는 하루, 주, 월 등 각각의 단위와 시작가와 마감가인 시가, 종가, 고가 및 저가를 캔들로 표시하는 캔들 차트가 활용됩니다. 가장 기본적인 보조 지표는 이동평균선과 거래량입니다. 주가는 거래량의 그림자라는 말이 있을 정도로 수급은 중요한 주가 결정의 요소입니다.

2. 기본적 분석

주가는 기업의 가치를 반영한다는 이론이며, 기업의 가치를 분석하는 방법으로 PBR, PER 등 현재 이익 또는 보유 자산 대비 주가의 정도를 파악할 수 있는 기준들이 쓰입니다. 기본적으로 저PBR, PER의 기업은 실제 가치보다 저평가되어 있을 가능성이 큰 주식입니다.

미래 성장성이 고려되지 않은 방법이기도 하지만, 실제로 이익 창출의 기반이 어려운 기업일 경우도 많습니다. 또한 업종에 따라 현재의 이익보다 앞으로의 성장성이 먼저 평가되는 경우 등 투자 결정에 앞서 현재 매출을 중요시하는지, 앞으로의 기대 수익을 중요시할지 등의 투자자의 견해가 작용합니다.

상장회사들은 공시를 통해 주기적으로 재무제표와 현금 흐름표를 발표하는데, 투자자들은 반드시 이를 참고해 기업의 가치를 판단하고 투자를 고려하게 됩니다. 재무제표는 기업의 재무상태를 파악할 수 있는 중요한 자료이며, 재무제표의 꽃이라고 불리는 현금 흐름표는 점차 중요성이 강조되고 있습니다. 재무제표를 검토할 때 현금 흐름표를 꼼꼼하게 살펴봐야겠습니다.

3. 포트폴리오 이론
해리 마코위츠(Harry Markowitz)에 의해 체계화된 이론이며, 주가는 이미 기업에 관한 정보를 반영하고 있으므로 기업 가치 기준으로 주가를 예측할 수는 없으며, 그래프 또한 과거 자료에 불가하므로 주가 예측에는 도움이 되지 않는다는 논점을 전제로 하는 이론입니다.

따라서 분산 투자만이 위험을 줄이고, 안정적인 수익을 추구할 수 있다는 이론입니다.

이상 3가지 이론은 주식 투자를 하면서 상황에 따라 적용할 수 있습니다. 주식을 실제로 해보면 이론과 실제가 매우 다르다는 것을 체감하게 됩니다. 자신의 감각을 믿을 수 없다면, 체계적이고 효과적인 공부만이 장기적이고 안정적인 수익 추구에 도움이 될 것입니다.

기본적 분석은 일반 투자자들은 하기에 어려울 수 있고, 많은 지식과 장기간의 분석이 필요합니다. 따라서 개인 투자자가 접근하기 쉬운 방법은 기술적 분석입니다. 기술적 분석의 대표적인 방법에는 차트 분석이 있습니다. 많은 개인 투자자들이 이 방법으로 매매에 임하고 있습니다. 차트 분석은 차트의 움직임을 보고 주가를 예측해 투자 여부를 결정합니다. 차트를 분석하기 위해 보조 지표 등을 활용합니다.

주식 투자 심리적 요인 3가지

1. 보유 종목에 대한 집착이 강하다

투자자들, 특히 초보나 중급 정도의 실력인 경우에는 주가가 많이 빠지거나 많이 오르는 경우에 가지고 있는 종목을 그대로 유지하는 경우가 많습니다. 다른 종목이 더 싸거나 강한 모멘텀을 갖고 있어서 매력적이라면 현재의 종목이 좋다고 하더라도 그 종목으로 갈아타야 합니다. 종목의 매력도는 지극히 상대적입니다. 지금 내가 보유하고 있는 종목이 100점 만점에 50점 정도의 매력도를 갖고 있다면, 60점 이상의 종목이 나타났을 때, 현재 보유한 종목에서 손실이 나든, 이익이 나든 갈아타는 것이 수익 극대화를 따르는 것입니다.

주식은 종목마다 상대적입니다. 왜 오랜 기간 동안 종목을 보유하냐고 물으면 손실이 커서, 또는 보수적이라서, 큰 수익을 노리기 위해서 같은 여러 가지 이유를 말합니다. 주식 투자는 수익을 내려고 시장에 접근하는 것입니다. 보통 저런 분들은 투기적인 개별 종목을 보유한 분들입니다. 보유한 종목에 집착하기보다는 더 매력적인 종목이 보인다면 집착을 버리고 갈아타는 방법을 선택해보라는 말씀을 드리고 싶습니다.

2. 손실에 대해 불안해한다

이 종목이 좋을 것 같고, 저 종목이 좋을 것 같고 여러 종목을 백화점식으로 매수하는 투자자분들이 많습니다. 이렇게 매매 성향을 만들다 보면 고통이 뒤따릅니다. 포트폴리오가 잘 짜인 틀 안에서 종목 관리가 들어가야 하는데도 불구하고, 관리할 종목들이 많아지면 손실에 대해 불안해지는 것은 당연합니다. 주식 투자는 모든 과정이 선택의 순간입니다. 어떤 선택을 하든 선택마다 스스로 결정하고 책임질 수 있어야 합니다. 그럴 때가 바로 주식 공부를 시작할 때입니다. 예전과 달리 주식 시장에서 개인 투자자들의 비중이 커졌습니다. 개인 투자자는 이길 수 있다는 마음가짐으로 주식 투자를 하면 잃는다는 편견을 버리고 공부를 시작할 때입니다.

3. 상승(수익)에 대해 안절부절못한다

일반 주식 투자자들에게 흔히 볼 수 있는 모습입니다. 주가의 급격한 상승에 대한 부담감도 흔한 일입니다. 보통 30%나 50% 정도 평가익이 발생하면, 팔아버리거나 팔지 못해 불안해하는 경우를 주변에서 흔히 보셨을 겁니다.

처음 시작하는 주식 투자의 경우 기대 수익이 금리 이상, 또는 10~20% 수준을 목표로 하는 경우가 많은데, 워런 버핏 등 투자의 고수도 연 20%대의 수익인데(거대 자금에 복리 운용이기에 개인 투자자와의 어마어마한 큰 차이가 있다는 점을 이해해야 합니다), 그 이상은 지나치지 않나 생각하며 투자 수익 목표를 그 정도 수준으로 제한하는 것 같습니다.

그 외에도 이번에 못 팔면 수익을 못 낼 수 있다는 불안감, 그 전에 평가손 등 손실 구간을 오래 지나왔다면 보상심리에서 빨리 팔아버리고 싶은 생각, 소비 욕구가 투자 성과에 대한 욕구보다 높아서 이익을 실현해 다른 현물로 바꾸고 싶은 마음 등이 이런 심리를 가속화하는 것 같습니다.

고수와 하수의 매매 패턴 비교

고수 매매 패턴	하수 매매 패턴
여유 자금으로 매매	대출, 빌린 돈, 필수 자금으로 매매
산전수전, 공중전까지 경험	경험 없음
적정한 목표 수익률, 장기 수익	대박 욕심, 단기 수익
확실한 때를 기다리며 인내	오래 기다리지 못하고 잦은 뇌동 매매
매매 시마다 이익 창출 가능	손실에 손실을 더한 악순환 반복
철저한 종목 분석	분석 없이 지름.
단기·중기·장기 포지션 구축	뇌동 매매 반복
손실 시 원인 분석 및 매매 기법 연구	변화 없이 그대로 유지
자금 규모는 천천히 키움.	처음 수익이 나면 빚내서 추가 자금 확보
시장 변동성 확대 시 초연하게 판단함.	민감하게 반등, 뇌동 매매 돌입
내재가치 판단(기업 분석)	대충 차트 분석
손실 방지를 위해 종목 가치를 고려, 위험 최소화	손실에 대한 생각 없음, 오직 이익만 추구
종목 수는 극소수로 간추림.	종목 수 매우 많음.
수익의 꾸준함.	수익 보는 날보다 손실 나는 날이 많음.
기준과 원칙 준수	원칙이 없는 게 원칙
매매 실패 시 본인 책임	매매 실패 시 타인의 책임으로 돌림.
수익 발생 시 절제된 겸손	수익 발생 시 자만함.
여유롭게 심리적 안정을 유지하며 투자에 임함.	조급하고 여유가 없으며 단기 거래 집중
주가 하락 시 가치 판단 실수나 업황 변화 기준 체크	공포로 손절매
손실이 나면 원인 분석	손실 나면 있는 돈 집중 투입
대박이란, 오랜 세월 동안 계속되는 복리 수익	대박이란, 급등주로 한 방

Appendix

부록 편

왕초보 투자 가이드
주식 투자 스타트업

제1판 1쇄 | 2021년 5월 21일

지은이 | 주호선생
펴낸이 | 윤성민
펴낸곳 | 한국경제신문*i*
기획제작 | (주)두드림미디어
책임편집 | 최윤경   디자인 | 디자인 뜰채 apexmino@hanmail.net

주소 | 서울특별시 중구 청파로 463
기획출판팀 | 02-333-3577
E-mail | dodreamedia@naver.com
등록 | 제 2-315(1967. 5. 15)

ISBN 978-89-475-4710-9 (03320)

한국경제신문*i* 주식, 선물 도서목록

(주)두드림미디어 카페(https://cafe.naver.com/dodreamedia)
Tel : 02-333-3577 E-mail : dodreamedia@naver.com